芒果百万文案

MANGO MILLION QUOTES

湖南卫视　芒果TV　编著

中国出版集团　现代出版社

编委会

总 出 品　龚政文

出 品 人　蔡怀军

总 策 划　宋　点　梁德平

总 编 审　钟益帆　郑华平

总 监 制　周　山　吴梦知　张　阳　洪　啸

监　　制　周　海　沈　欣　陈大道　邹庆华　万　琳　张志红　朱　琰
　　　　　杨怀东　王　恬　刘　伟　罗泽军　卢海波　刘幕天

编　　审　周一凡　谢绍强

策　　划　陈　铮　吕含石　吴　琼　刘　烨

运营统筹　雷　萍　万梦颖　范苗苗

电商统筹　曾　彦　李金龙

运营推广　李一林　欧　颖　张　娟　黄周乐　谭　颖　冯宏雨　符玮珺

封面设计　曹莹心　刘怡敏

手写字体　黄玉冰（@福二）

本书文案由蒋倩怡、毛容、尹钰雯、徐丽慧、何良钰、罗若菡、王晓雅、张倩、刘通、宋天程、孙柔丽、龙炳余、但愿搜集整理。

作者简介

湖南卫视、芒果 TV

湖南卫视是国内高影响力、高收视率、高品牌价值的省级卫视；芒果 TV 是国内头部长视频平台。

湖南卫视、芒果 TV 双平台是在媒体深度融合的战略背景下诞生的全国广电独一无二的新物种，以"青春中国""天生青春"为呼号，构建更具青年价值引领的全媒体传播生态。

推荐语

这本《芒果百万文案》字字句句都那么亲切和动人,有的我还同框甚至诵读过,这些温暖有力的句子何尝不是时间的具象化,给来时路留下痕迹,治愈心灵,也照亮前方。

——主持人 何炅

芒果的文案总是带着鲜活的生命力,正如在人生舞台上奋勇追梦的我们。

——主持人 沈梦辰

一句句的文案,背后是团队的无限努力,只希望能把最初的那一份感动带给大家,能不时翻一翻,细细品味,已经足够。

——小芒电商董事长、湖南卫视副总监、芒果超媒常务副总编辑、芒果TV常务副总编辑 周山

不忘初心、千锤百炼才能出来好的文案与好的综艺,我们会把匠人之心贯彻始终,为读者、为观众尽心尽力。

——湖南卫视副总监 刘伟

如果说文艺作品是记录时代的诗歌,那这些脱胎于作品的文案,便是诗篇里郑重的标点符号。文以载道,歌以咏志。这些与节目共同生长的文案,凝结着幕后创作者的思考与洞察。感受它们,可以感受到创作者们的志气和骨气。

——芒果TV副总裁 洪啸

芒果综艺人的创作法宝是打破收视惯性，大胆尝试将观众与自然、时间进行巧妙连接。芒果的文案是与当代青年情绪共振，向世界发出明媚、自信、晴朗、坚定青年力量的有力载体，愿与你共赏。

——**湖南卫视制片人 刘建立**

引人入胜的文案一字千钧，不仅能赋予综艺独特的生命力，更能触动人心，引发共鸣。在这本《芒果百万文案》里读天地、品人生，感受文字的力量。

——**湖南卫视制片人 任洋**

我一直坚信，文字能给人带去极大的抚慰。文字之美，在于读懂你内心的语言，芒果百万文案的极致，就是把你我紧紧地连接在一起。愿与文字、与世界，一起成长。

——**湖南卫视制片人 杨子扬**

在我眼里，电视节目的文案就像一位挂在画面上的"旅行搭子"，代替创作者，像好朋友一样，实时回应着你的共鸣。在芒果的创作生态里，我们一直是在和观众一起用探索世界的方式更新自己。如果这些文字的情绪曾经击中过你，那么很高兴，某一段旅程，我们曾经共同度过。

——**湖南卫视制片人 李超**

这场阅读，仿佛穿行时光隧道，在芒果成长的这些年，有幸参与见证无数精彩作品的诞生。而字字句句带来的感动与力量，成为有形的一本小书，踏实陪伴着爱阅读的人，这更是一份珍贵的暖意。愿文字永流传，经典焕新生。

——**芒果 TV 制片人 晏吉**

在芒果文案诞生以前，人们很少在电视综艺里逐字逐句地阅读文字。这些鲜活的文字让我们跟随着创作者们在"视"和"听"之外，呼吸到了大海上的清风、触摸到了阳光的炙热、闻到了街头散落的人间烟火，成为芒果综艺最具生命力的标志，成为创作者与观众相互交流和理解的工具。

——**芒果 TV 制片人 李甜**

综艺节目的文案，有时候像一场孤独的告白。它不试图给出答案，只是将那些复杂的情感摆在我们面前，让我们看到裂缝中的真实。每一句文案，都是一个灵魂的切片，让人在温柔与冷酷的夹缝中，承认爱，承认痛。它是指向心流的地图，让最细微的情感，也能发出深远的回响。

——**芒果 TV 制片人 刘乐**

文字是时代的体温，眼睛到不了的地方，文字可以触达。脚步到不了的地方，文字可以丈量。文字会陪我们走很长一段路，芒果的文案有属于自己的温度，一千个人有一千个注解，希望大家在有限的文字中，遇见无穷的自己。

——**芒果 TV 制片人 果果**

目录

家国篇

001

002　国，是最大的家

- 003　《中国》
- 038　《破晓 2021》
- 039　《百年正青春》
- 040　《声生不息》
- 052　《歌手》

053　家，是最小的国

- 054　《爸爸去哪儿》
- 062　《妈妈是超人》
- 072　《我家那闺女》
- 073　《变形计》

PART 01

076　友情，
跟合拍的人合拍，跟可爱的人可爱

- 077　《花儿与少年》
- 114　《朋友请听好》
- 120　《快乐的大人》

123　爱情，
在浪漫梦幻中相遇，去平凡日常中相知

- 124　《女儿们的恋爱》
- 126　《怦然再心动》
- 127　《春日迟迟再出发》

131　婚姻，
爱人，也是亲手选择的家人

- 132　《中国婚礼》
- 134　《婚前21天》
- 140　《我家小两口》
- 142　《妻子的浪漫旅行》
- 172　《再见爱人》

情感篇

PART 02

成长篇

PART 03

216　别怕渺小，
　　你并不平庸，
　　致每一个自成宇宙的你

217　《乘风破浪的姐姐》
236　《披荆斩棘的哥哥》
241　《我们的滚烫人生》
244　《大湾仔的夜》
245　《大侦探》
251　《初入职场的我们》
254　《会画少年的天空》
255　《一年级》
258　《致自成宇宙的你》

262　后记

家国篇

PART 01

国，

是 最 大 的 家

当越来越多的人拥有 **思考能力**，

探问天地人生的奥义

开始成为中国人的一种 **自觉**。

《中国 第一季》

在纷繁复杂的社会大潮中,

在无休无止的观点论争中,

在苦难中,在希望中,

许多质朴而深邃的见解逐渐 **生根发芽**,

成长壮大,

直至结出 **硕果**。

《中国 第一季》

有人说，

评价秦帝国只需要一张中国地图或者一本汉字字典，

那时候的中国人带着 **朝气**，

凛然 站在了历史舞台的中央，

他们展现出积蓄已久、

突然迸发的浩大的精神力量，

竭尽全力地创造了一个从此 **生生不息** 的大国。

《中国 第一季》

在 已过不惑 并依然富有战斗力的中年，

发现自己此生的使命

是幸运的，

甚至是 幸福 的。

《中国 第一季》

真正关乎生死的 **时刻**,

永远只留给人最短的时间 **抉择**。

《中国 第一季》

命运之神向强者迎面而来，

绝境

往往是勇敢者的 **机会**。

《中国 第一季》

他们曾经心怀大梦向西行，

性命相依，肝胆相照，

结下了 **患难与共** 的生死之情。

他们纵横疆场，以九死一生的忠勇，

在辽阔的西部大地上建功立业，争得汉家天下。

他们**无愧**于汉家王朝，也无愧于自己的一生，

他们的面容，

永远朝气勃发，无所畏惧。

《中国 第一季》

怀想他们用率真自信塑造的魏晋**风度**，

怀想他们为中国文化赋予的洒脱**气质**。

物换星移，

旧时王谢堂前燕，

最终都飞入了寻常百姓家。

一个时代终会结束，

但每一个时代都会留下它**不灭的精神**。

《中国 第一季》

历史积蓄了千年的力量被点燃,

照彻了雄浑美丽的天空与大地。

这片被黄河与长江滋养的土地,

孕育了春秋战国时蓬勃生长的 **中华文明**,

在秦汉的淬炼下跌宕起伏,

历经魏晋南北朝的分裂与融合,

经由隋的再次统一,

终于,在唐 **成熟绽放**。

《中国 第一季》

从春秋一路走到唐朝,

一个统一的多民族国家逐渐形成。

盛唐,开启一段绚烂夺目的 **岁月华章**,

璀璨了整个华夏文明的星空。

带着岁月沉淀的无上荣光,

带着恒久传承的文明基因。

中国,铺陈出更加波澜壮阔的历史,

迈向未来 。

《中国 第一季》

所有伟大的文艺作品

都是创作者

面对世界的 **告白**。

《中国 第二季》

那是 晚明阴郁的天空里最后的霞光，人人都可以立言，使普通人的价值得以被发现和高扬，文化的共享让独擅学术的贵族门第再无产生的可能，价值尺度的转换和自我的觉醒引发了人生态度和社会观念的变易。

《中国 第二季》

有人以生命为代价，推翻帝制，重建国家；有人以出世的精神，做着入世的事业，以悲悯大爱之心，在乱世中坚守；也有人埋首书桌，专心科技，精研学术，实践着科学救国和理性启蒙之路；还有人选择用文字呐喊，唤醒国民的心灵，以手中之笔为匕首、为投枪，去和旧世界战斗。

一代人未完成的使命，将有另一代人继续。新的道路，就将在这一次次的探索中，开辟出来。

《中国 第二季》

我们是谁？我们从哪里来？我们生活的世界从哪里来？今天人类所创造的一切，最初是如何开始的？我们所在的中国，何以成为中国？作为中国人，我们何以成为我们？

同样这些问题，在漫长的历史中，又被无数人追问过无数次。我们的祖先用神话表达了自己的思考。混沌是中国古人想象的宇宙之初。

《中国 第三季》

混沌 是什么？或许就像一团气。无序无形，无穷无尽。包容一切，却又似乎什么都没有。如果一定要比拟，混沌或许类似现代科学所说的黑洞。

每一种 文明都有自己的创世之神。在中国神话里，盘古是打破混沌的神。传说中，盘古沉睡了一万八千年。没有任何解释的世界只能是黑暗的，混沌的。盘古睁开眼睛那一刻，就是一切裂变的起点。

《中国 第三季》

中国人 想像出盘古，完成了对最宏观的世界秩序的第一道解释。秩序对于中国人的意义极为重大，本质上它是对万事万物的解释。为了从混沌走向秩序，上古中国人进行了一重又一重的构建。从盘古撕开的第一道裂缝中，光照了进来。盘古的眼前明亮起来，他替我们看了这个世界第一眼。仿佛序幕缓缓拉开，盘古感受到气息的流动。他看到原本的混沌之气分为两部分：轻而清的阳气，上升为天；重而浊的阴气，下降为地。从此，有了天和地。

天和地 之间，就是我们今天所熟悉的，世界。时间开始了。新生的节律在蔓延，天地间第一缕风吹到了盘古身上。盘古担心天地再次合拢，就一直保持着顶天立地的姿势。

《中国 第三季》

神话 是不同文明背景下的早期人类对世界认知的投射。中国神话只留存下零星片段,但当我们的故事一路从盘古讲到周公,直至礼乐建成,不难感知:中国人始终关注的天地人的秩序,正是贯穿中国神话到中国历史的内在逻辑。

"**观天地开辟**,知万物所造化,见阴阳之终始,原人事之政理"。神话不等同于历史。但几乎各个文明的历史叙事都从神话开始,那是人类为自己书写的生命前传。

《中国 第三季》

中国 的创世神话版本很多，我们最熟悉的一句就是——"自从盘古开天地"，它几乎成为种种讲述的开端。

据说，与天地共生的长久岁月中，盘古耗尽了所有的力气。当天增高到距地九万里后，盘古完成了使命。他缓缓地、重重地倒在大地上。就在盘古倒下的瞬间，大地上出现了诸多前所未有的新事物：第一座山、第一条河、第一棵树，或许还有第一朵花。

盘古的身体发生了奇异的幻化。他的躯干和四肢化作山脉隆起，血液化作江河奔流；他的呼吸化作风云，声音化作雷霆。他的筋脉变成道路，肌肉变成田土，发肤变成森林和草原。他用自己庞大的身躯，演化出一片丰富多姿，辽阔而具足的山河。

《中国 第三季》

有学者认为，古人这些巧思奇想，寓意着宇宙的万事万物都由"人"物化而成，蕴含着"天人合一"的暗示。盘古是较晚才被创造出来的神，最早出现于三国时的著作《三五历记》，那时的中国社会已经相当成熟。或许，人类越成熟，才越有兴趣和能力提出更宏大的命题，去探究最初的那个源头。

后世演绎中，盘古的一只眼睛化成了太阳，能散播光明和温暖，在中国文化里，它代表阳，也代表雄性；盘古的另一只眼睛，化成了月亮，会在黑暗里洒下抚慰的光亮，月亮代表阴，也代表雌性。日月阴阳的变化，究竟是怎样一种安排？屈原这样问道："明明暗暗，惟时何为？阴阳三合，何本何化？"

新世界甫一诞生，阴和阳的概念就随同出现了，这是中国人逻辑思维的起点。万事万物皆有阴阳，阴和阳不可割裂，相互对立又相互依存，阴阳和谐，世界就会井然有序，生机盎然。

《中国 第三季》

对于世界
我们需要答案
更需要追问

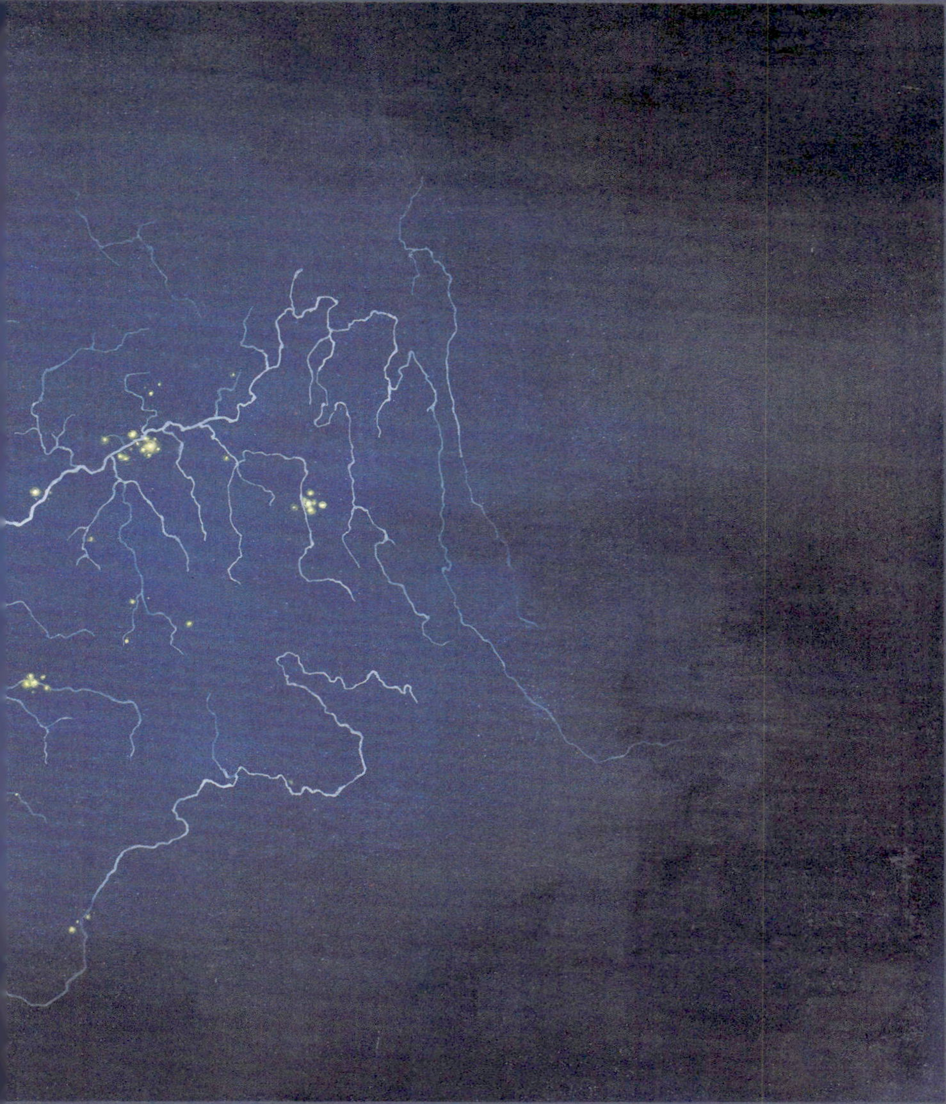

中国人不肯赋予神凌驾于人之上的绝对权威，

因为中国神话的出发点始终是"人"，

而非"神"。

《中国 第三季》

对于世界，

我们需要 **答案**，

更需要 **追问**。

神话里往往隐藏着对自己的回答。

《中国 第三季》

东方，是"溺水㴅㴅"的 **大海**，

深不可测，会沉没万物，不可渡越；

西方，是 **流沙** 千里，一望无涯，

是雷神和各种怪物的潜伏之处；

南方，是 **炎火** 千里，

被九头的毒蛇和画额染齿的野人所占据；

北方，则飞雪千里，**积冰** 如山，

有一条巨型烛龙住在那里，口衔蜡烛，

照着北方幽暗的天门。

《中国 第三季》

死亡与收获,

是一体的 **两面**。

就像秋天,

庄稼成熟、喜获丰收,

但也是一个生命周期的终结。

中国人很早就能理解**生与死**的对立和连接。

《中国 第三季》

中国人深信，最深重的失败和最折磨人的苦难，几乎是所有大功告成之前必经的最黑的夜。《史记》中只记载了战争的结果。而在神话中，这个结果更像是上天做出了选择。危急中，天女下凡止住大雨，天气突然放晴，趁着敌人惊愕无措，黄帝指挥大军掩杀过去。如同我们在历史中一再看到的那样，许多置于死地而后生的转折点，都无法用普通的逻辑解释。或许，在真正决定命运的那一刻，古人总是愿将生死交托给天命。

《中国 第三季》

器型的变化和工艺的进步，满载着中国人对**安宁幸福**的不懈追寻。他们熟悉这片土地，爱这片土地，也离不开这片土地。他们把丰衣足食、繁衍生息托付于此，把喜怒哀乐、生死荣辱、梦想与希望，都存放在这里。

有了和土地的亲密关系，就有了家的概念。家，是一个能给予足够安全感的地方，安全感来源于遮风避雨的房屋，也来源于自给自足的温饱。

很多年后，中国人在创造"家"这个字时，特意取了两样事物：屋顶，以及被驯养的动物代表，猪。为了"安定"这个朴素的心愿，中国人从此专注于对家的营建，这份热爱至今不变。

《中国 第三季》

这片被季风眷顾的 **大陆**，

没有辜负每一粒种子对它的期待。

我们现在知道，

亿万年前那次地壳运动，

两大板块相撞，

喜马拉雅山脉和青藏高原隆起，

都是在为这个遥远的 **新时代** 做准备。

《中国 第三季》

这是中国最早的家园。许多个家在一起就将成为邦，成为国。无数先民的选择，为中国文化奠定了农耕文明的基因。

农耕，不仅是一种生产方式和生活方式，也是一种思考方式，一种情感方式，它成全了中国人对安居乐业的梦想，也塑造了中国人安土重迁的性格。它在源头上塑造了中国。而我们和土地的关系，自此牢牢地凝固下来，几千年都不曾改变。

《中国 第三季》

人们以"天下之中"来形容其地理位置。

在这个地方，

星星之火最终迸发出巨大的光辉，

照亮整个 华夏文明 的天空。

《中国 第三季》

祖先 成为中国人永远的精神寄托，慎终追远的理念融入了每个中国人的家庭和生活。数千年来，无论祭祀方式如何变化，无论走到天涯海角，我们对祖先的敬爱和供奉从未停止过。那是对生命延续的盼望，对过往岁月的忆念。中国人相信，血脉和亲情是天地间最恒久、最珍贵的连接。只有将一代代的生命连接在一起，只有被纳入群体的长河，个体的生命才能获得超越。

《中国 第三季》

人 始终是中国文化最关注的命题。如何在世间安身立命，如何与自然及他者相处，如何建设理想的社会？

从混沌走向秩序，从创世走向礼乐的漫漫长路上，人，也始终是创造一切的主角。

我们 用洪荒年代的绚丽神话，回答了"天地从哪里来"，"人从哪里来"。我们用上古三代的辉煌历史，书写了"中国从哪里来"，"我们从哪里来"。

当礼乐文明把秩序与和谐、道德与理性、音乐与诗歌，永久地注入中国人的精神血脉，我们知道：今天的我们，连接着曾经的我们，也连接着未来的我们。

今天的中国，连接着曾经的中国，也连接着未来的中国。叠加上时间的重量，山河就成了岁月。而历史，正一刻不停地向前。

《中国 第三季》

历史上的几页纸，是好多人的一辈子，

他们是岁月送给山河的礼物，

躬耕万顷，造就 沃野千里。

也是从那时起，人们懂得，

一泓池水，涌入大河，才能流经千里，

一声春雷，置身天地，方可 震铄古今。

《中国 第三季》

破晓，是一个动词，更是年轻人的一种态度。

是不惹事也不怕事的底气，是不冲动也不信邪的正气，是风华正茂的朝气，是自强不息的志气。

破晓，是一个时刻，更是属于每一个中国人的每时每刻。

只要春天还在，我们就不会悲伤；只要明天还在，我们就不会迷茫。我们比任何时候都更加清醒，岁月静好，从来不是理所应当，幸福也从来不会从天而降。

面对世界，我们用**自信**回答质疑、用**从容**回答蛮横；
面对未来，我们用**长度**回答远方、用**奋斗**回答梦想。

《破晓 2021》

是古老的 **中国**，也是青春的中国。

从嫦娥奔月到蛟龙入海，每个梦想，都被尊重、鼓励、托举；

从消除贫困到全面小康，多少向往都在一一变成现实。

这是百年的大党，也是青春的政党。

心系国之大者，一切为了人民，这是永葆**青春**的源泉。

从小小的红船，到巍巍的巨轮，我们乘风破浪，一往无前。

对百年最好的礼赞，就是创造新的时代。

对第二个百年最好的致敬，就是继往开来，接续奋斗。

百年历程，**风华正茂**。

征途漫漫，惟有奋斗。

《百年正青春》

什么是 **港乐**？

要回答这个问题，朝夕不够，片语不足。

港乐的形象，充沛而立体，灵动且真挚。

它是东方之珠温润的光华，

是少年驰骋江湖的侠气，

是高楼大厦间匆匆的浪漫，

是一个时代 **华丽的回响**。

《声生不息》

我们希望唱出你 **少年时** 的山海和波涛，

完成你久违的青春拼图，

找到当时陪你唱、陪你听的人。

每当变幻，

中国人共同的 **回忆** 常在心间。

风再起时，

如歌岁月中的少年 **从未告辞**。

《声生不息》

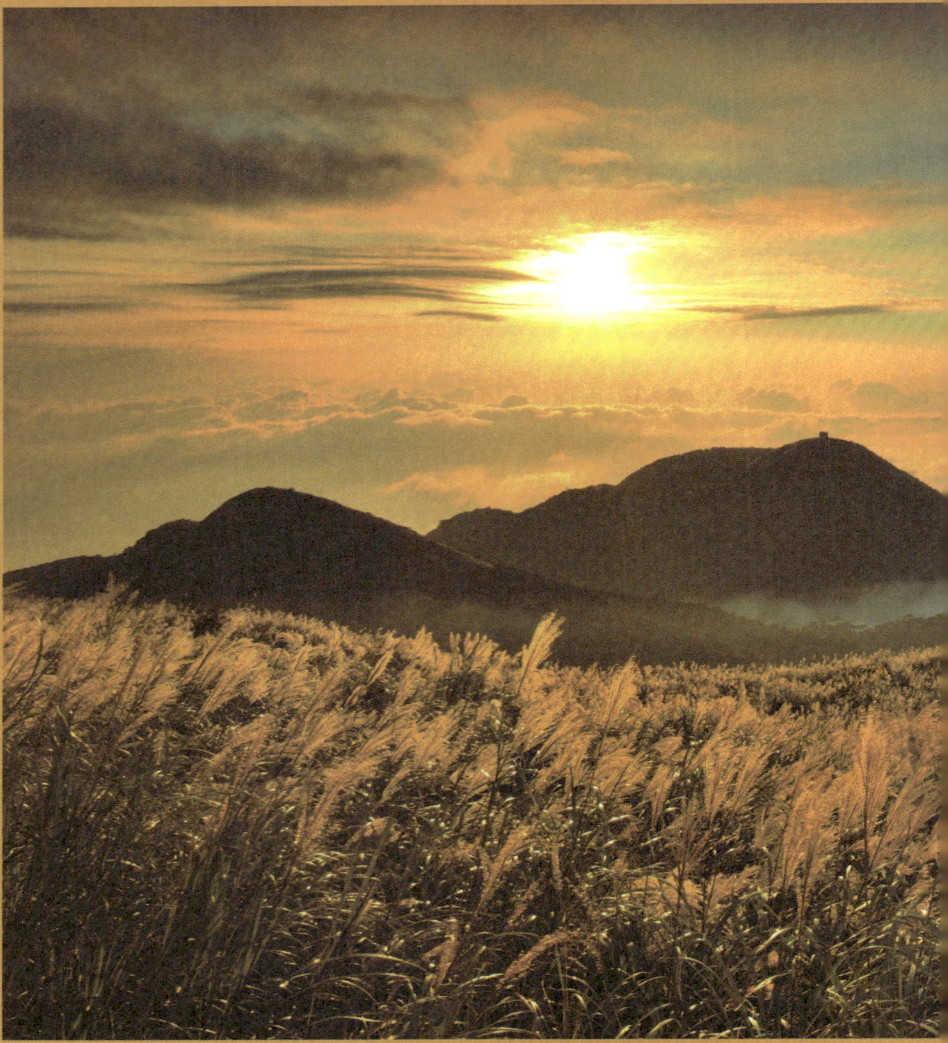

没有人
能轻易定义这卷山河
但所有人都带着
被她灌溉的性格

香港音乐，为每一份情感标记好出路，

让阴晴和圆缺都变成财富，

把 **回归**二十五周年的心事，都放在歌里吧。

心成一脉，矢志不改，

湘香同载，**一生所爱**。

《声生不息》

没有人能轻易定义 **这卷山河**,

但所有人都带着被她灌溉的性格,

斩钉截铁地走,信誓旦旦地说,

亦如曾经的巨人们,勇立潮头,引吭高歌。

当目光定格在家舍,

有首歌,年华铮铮,于斯为盛,

有幅画,何以为家,**谓之中华**。

《声生不息·家年华》

风再起时
如歌岁月中的少年
从未告辞

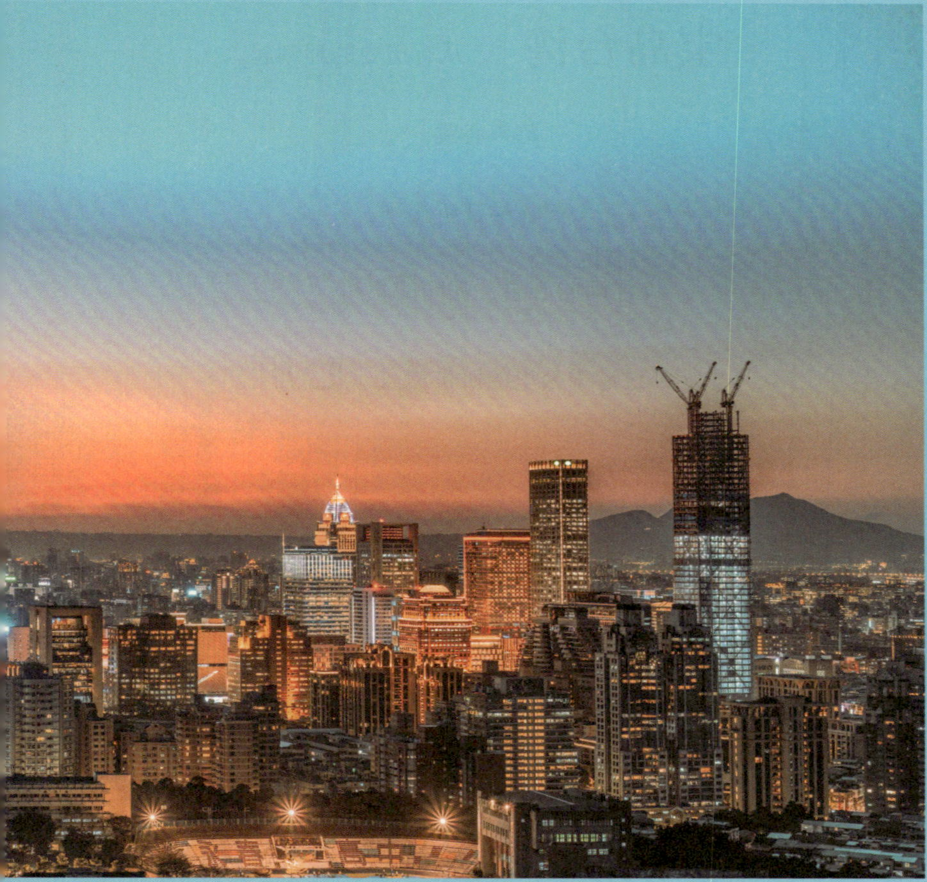

没有人会对这里感到陌生，

宝岛台湾，从有历史的那刻起，

每声心跳，

山海麓林都听得到。

涌动的心事，呢喃的絮语，

总能经过逾千公里的脐带流入 **心脏**。

《声生不息·宝岛季》

百川异源，皆归于海，

湖湘闽台，道南正脉。

当我们聊起 **台湾音乐** 时，

聊的是雨水冲刷不掉的足迹，

是岛屿和陆地间的回声，

是舟楫、港湾、潮汐的文明，

是潮平两岸阔的 **现在**，和风正一帆悬的 **未来**。

《声生不息·宝岛季》

巔、只是歌手的一段路

远，才是音乐的目的地

赢，只是歌手的一段路；

迎，才是音乐的目的地。

摊开手掌，伸开双臂，

接受和允许不同的可能性，

才是这个舞台真正要传递的。

《歌手2024》

家，

是 最 小 的 国

生命中的 **生死离别**，

没人能躲得开，

而成长里，

最重大的课题就在于，

如何在不可逆的岁月洪流中，

学会 **坚强地**

与最爱的人挥手 **说再见**。

《爸爸去哪儿 第三季》

儿子，你还记得，那只蜗牛吗？

你4岁那年夏天，我们在花园里看到的那只。你问我为什么它爬得这么慢，我告诉你，万事万物都有自己的时区，就像有些花，只在晚上开；有些美丽，不需要目光和赞叹；有些星星，会一直发光；而有些飞翔，只为了变尘埃。

当你告别童年，独自闯荡世界，你会发现，时代运转得越来越快，你会发现，儿时的乐园已是一片废墟。别难过，世界不管怎么变，那些转瞬即逝的美好，也一样可以永恒，只要你记得它。

《爸爸去哪儿 第五季》

你可以 选择打破标准模式，你的人生拥有自己喊停的权利。

你可以选择不那么坚强，但那并不代表懦弱。

当命运挥棒而来，你要毫不犹豫地反击。当虚拟和现实开始混淆，选择做不完美却真实的自己。当时代超速发展，你依然可以选择慢下来。

去兜风，去浪费时间，去做你想做的事情。在自己的时区里，不急不赶，不卑不亢。

找到那只蜗牛，**慢慢走**，一路回到小时候。

《爸爸去哪儿 第五季》

我们很像，可我们又不一样。在我眼里的花，在你眼里是昆虫的房子。

是从什么时候开始，我不再从微小的事物里发现美好呢？

"爸爸你看，花跑到天上去啦。"

我们很像，可我们又不一样，我们都有勇敢的心。

我认为爬山就像人生，一步沙一步勇，登顶是为了成就更好的自己，可你的勇敢，却是为了守护别人。

是从什么时候开始，我只做正确的事，不做对的事了呢？

《爸爸去哪儿 第五季》

我们很像，可我们又不一样，我们都会因为坏运气而沮丧。我想绕过泥泞，而你却笑着迎上去，"爸爸，你还记得光脚走路的样子吗？"

是从什么时候开始，大人们不再离开舒适区呢？

你可以重新教我做孩子吗？教我如何光脚踩在沙滩上，教我那些大人已经忘了的事情吧。

当我蹲下来和你一样高，才发现眼里的世界，更辽阔美好。

《爸爸去哪儿 第五季》

亲爱的孩子，有时看着你们稚气的脸，我总忍不住幻想将来，有一天你们会长大，会走出家门，会穿过花丛，去敲世界的门。没关系，你们可以放开我的手。

你们会长大，想知道天有多高，无畏风暴，对结果一无所知，却仍敢全力以赴。

你要相信，过程有多难，收获就有多壮观。

你会迷失在最深的海底，但不要害怕，迷路会带给你惊喜。

《爸爸去哪儿 第五季》

亲爱的孩子，你会长大。去旅行，去做那些有趣却不必有用的事，在里约热内卢、东京、巴黎的夜晚狂欢。被人帮助，也愿意去帮助别人。去学一门语言，和一个陌生人做朋友。

你会长大，会在最意外的时刻，遇见你最爱的人，去付出，去许下承诺。

你会长大，而我将老去，有一天你也会写这样一封信，给你的孩子，那时你会懂，我此刻为什么流泪，会懂笑着流泪的爸爸，有多难舍就有多幸福。

如果人生如旅程，缘分有期限，因为牵着你们的手，我不虚此行。

《爸爸去哪儿 第五季》

宝贝，当你来到我生命的那一刻起，以你为名的列车始发出站，开往未知的前方。

人生如旅，一站明媚，一站隐晦，个中滋味，我都想陪你体会。你途经的美景和光明，将在你驶向暗夜时，成为你的铠甲。记得我们仰望过的星辰，成长的路再坎坷，星光只需要抬头就能看见。

别让世界决定你的颜色，你的人生是自己的杰作。带着真诚的心，去挑战不可思议的冒险。继续温柔、勇敢、善良。

人生如旅，爸爸会在某一站换乘，但你的身边会有你爱的人入座。

这也是旅行的意义，去体验、去收获、去错过，去成为你自己，**出发**！

《爸爸去哪儿 第六季》

人生 中的小别离，一定是坏事吗？

有些事身在其中是看不清楚的，需要距离和时间来解说，就像你教给孩子的规矩，无论在不在身边，都是他明天的礼物。而如果不肯对过去的你说再见，就不会知道往前一步多美好。

如果 不曾孤身走千里，又怎么晓得相聚要珍惜呢？如果说爱是光，那么恐惧和焦虑，从来就是我们身后的影子。

但如果没有影子，又怎么会有光呢？

《妈妈是超人 第二季》

有一些 美好，来自不完美，我们从不会因为完美而和解，和解是体谅脆弱。有时幸福需要等待，有时你的付出，不会马上就有收获，不用急，慢慢来，时间会给爱答案。

亲爱的妈妈，你会失误、会内疚、会自责，因为你太爱了，爱让你恐惧，而恐惧会给你力量，请容许自己不完美，甚至，那也是教育的一部分。

孩子需要看见，成人有血有肉，会犯错也会反思。人类不是机器，我们唯一比他们厉害的，是有缺陷，我们怕黑、怕失去、怕爱得不够。因此，这世界才有光、有拥抱、有强大的妈妈。

带着诚惶诚恐的心，渺小如我们，全力去爱吧。

《妈妈是超人 第二季》

当孩子 降生到这个世上，天上就会亮起一盏灯，所以有了星星。

也是在孩子生日那天，地上有个妈妈和一颗星相遇了，于是我们要用仪式，来感激这神奇的遇见。

恰好 是你，恰好是我，

在亿万颗星和亿万个人中找到 **彼此**。

《妈妈是超人 第二季》

我们说，每一对母子都是注定的相遇，却忘了问，妈妈天生就是妈妈吗？

为了零点零一的可能性去战斗的女生，也曾是万千宠爱的女神。在做妈妈之前，她也是爱撒娇的孩子，曾为了追梦从南到北。她却脱下高跟鞋，想为孩子打造一个花园，把百般武艺练成柴米油盐。

越无所不能，背后的付出越无法计算。

如果 你遇到年少时的妈妈，你会对她说什么呢？你会不会发现你从未完全了解她？你想不想去看一看，妈妈这个称呼背后的那个女生是谁？在你成为她的梦想之前，她是谁？

在即将到来的母亲节，坐下来陪她，陪伴是最好的礼物。

《妈妈是超人 第二季》

什么是**最好的人生**？

就像每一天地平线都要和落日亲吻一样，每一天都有人温暖地陪在身边或心里面。

有时陪伴是一只小狗，两个小伙伴跟跟跄跄一起冒险；有时陪伴是一辈子的姐妹，无话不谈，彼此照看。可陪伴却不能替对方成长，像天空陪伴鸟群，却不能替它们飞翔。陪伴是我有信心，和你一起面对生活的摩擦，在平淡中做你的惊喜。陪伴就像旅人和星星，你不必一直见到它，但你知道它在那里。

谢谢有你，世界才不是寂寞荒野，而是四季流转的花园。

《妈妈是超人 第二季》

宇宙洪荒，生命浩瀚无垠，但只有母亲和孩子，真正分享过心跳。身体里的双倍心跳，是孩子第一句"你好"，对妈妈来说，那是世界上最温柔的地震。

从此刻起，我们缔结契约，彼此守护，我将带你看世界，请务必玩得尽兴。你将带我看自己，因为爱，不虚此行。

强壮的心跳声告诉我们，世界上最珍贵的东西，不必费力寻找，一直在我们身边。

你好宝贝，你好妈妈，很高兴遇到你，此生请多多指教。

《妈妈是超人 第三季》

有些难事，是一座为你设计的 迷宫，你一定要找到那扇门，你要走很远很远的路，一次次尝试，为了看见它，你将突破自己的安全区，去适应新的环境。有时为了保护别人，要说个善良的谎，也学着争吵以后，向对方伸出友善的手。

独自突围，偶尔会想逃跑，偶尔假装冷漠，偶尔吵吵闹闹，或者想争个口头输赢。但这些只是迷雾，困住你的只是你自己的影子。

别退却，往前走，不要停下来，因为爱是一扇打开的门，那就是迷宫的出口，是你奔跑的关底。

请你一定一定要找到它！

迈过那些心软，离开黑暗的小屋，那门后有光。

《妈妈是超人 第三季》

如果 我们都能参加炫耀妈妈大赛,那发言稿要怎么写呢?

她 有时像个小孩,跟我天马行空地斗嘴。当我拿第一,她比我自己还高兴。她像呼吸的空气,很难察觉,却一刻也不能离。我能在人群之中准确辨认她的声音,当她呼唤我的名字,我会不顾一切地朝她而去。可我永远也无法想象,她会在一瞬间变老,当那一刻来临,我才意识到她的名字不叫妈妈。

于是 在发言稿的结尾,我们致那位背后的女孩:很抱歉,我没能帮你戴上公主的王冠,但我誓将成为你一生的骑士。

《妈妈是超人 第三季》

鼓励 我们成长和探索的，不是一帆风顺的人生，而是看不到结果的战斗。

你会被打倒一万次，但你也会一万零一次地站起来；你会委屈到痛苦，但请你深信，总有怀抱在等你；你会被想象中的可怕追着跑，而当你面对它的那一刻，就赢了。还有一些战斗是跟自己较量，有妈妈在，你可以脱下盔甲，放心做个小孩。而妈妈知道，长大以后孩子要对战隐形的对手，于是她们亦步亦趋地鼓励和帮助，直到确认你可以接手。

每个人 心中都有两只小怪兽，一只叫勇敢，一只叫恐惧，谁会赢呢？

妈妈说："你喂食哪只，哪只就会赢。"

《妈妈是超人 第三季》

我们 见过小长颈鹿跳舞，美人鱼唱歌。目送女儿长成妈妈，又做回更好的女儿。看着全家人在同一轮落日里变暖，被妈妈高高举起的男孩，投出了那一球。

孩子们 大声告白，只为假如分开不遗憾。

如果你也曾被这些温暖的瞬间打动，可曾想过，真正打动你的，其实是你自己，是你心底的善良和柔软，是你确信这世界很美，是你内心住着的孩子，和那些关于妈妈的记忆，借着这趟成长旅行所带来的触动。

让我们确认，纯真有安放之地，世俗里有值得捍卫的宝贝，信任这一点，便不怕天黑，也不怕告别，愿我们心存珍宝，苦行于荒野，一步一春天。

《妈妈是超人 第三季》

爱会让人盲目，

沟通 才是它的介质。

到底什么才是，

我们追求的 **幸福** 呢？

但它一定不是，

被别人定义的。

慢慢等时间开口，

你值得被 **理解**。

《我家那闺女》

其实，

世间所有的经历，

不是 **喜怒哀乐**，

便是 **酸甜苦辣**。

人生里，

要学会和经历 **过招**。

《变形计 第十三季》

如果 有一天我的理想被风雨淋湿，你是否愿意回头扶我一把？如果有一天我无力前行，你是否愿意陪我一个温暖的午后？如果我问你什么，你是否想到妈妈梦中的惊起？

如果 那是一个你不熟悉的家，你会不会把善良当作路牌？如果这是一个国家的未来，你是否能让他酣睡，不再彷徨？

《变形计 第十九季》

情感篇

PART 02

友情，

跟合拍的人合拍，

跟可爱的人可爱

我们的背包已装满晴朗，出发去山顶晒月光。

春天 的列车就快要过站，你能不能快一点点赶上。

白色的鸽子，柔软的海浪，甜蜜地说"世界早安"。

诗人的脑袋装着那远方，窈窕的辣妹我在水一方。

哒哒哒……

天真的、幸福的 **流浪**，才让我们忽然懂得了 **故乡**。

看那太阳的光线，还有白云的形状，

你是否忘记昨日忧伤。

天真的幸福的流浪，才让我们忽然懂得了故乡。

多一点点的梦想，再多一点希望，

回忆、向往，都在 **远方**。

《花儿与少年》主题曲《花儿与少年》
作词：吴梦知

并不一定要像角斗士般生死决斗，

有时候能打倒困难的，

是**微笑**，而不是石头。

《花儿与少年 第一季》

其实世间所有的相遇，

不是 **久别重逢**，

就是 **后悔莫及**。

《花儿与少年 第一季》

人生如旅，

简单点，

你打得赢怪物，

就收得到 **礼物**。

《花儿与少年 第一季》

既然，所有的迷途都有一条 **回家** 的路，

那还有什么是不可能的呢？

比如，明天就发明一颗星星，

或者，我们永远 **不再害怕**。

《花儿与少年 第一季》

我们 **不想长大**，却一定会长大；

而我们不想变老，就可以永远年轻。

用一生来探寻和世界的关系，

不急，

它不是拳击手，我们也不是橡皮泥。

《花儿与少年 第一季》

很抱歉，

冒险 就是从来不会让人做好准备。

《花儿与少年 第三季》

人所有的全部，

就是一步接一步地 **离开**：

伙伴，风尘，亲爱，华年。

最孤独的黑暗，

是闭上眼睛，

却看见了真正的星星。

《花儿与少年 第三季》

晚霞是河流的偏心，

天真是少年的旌旗。

爱 不是彼此凝望，

而是看向 **相同的远方**。

我们睁开心，

永远不孤单。

《花儿与少年 第三季》

我们常常被一个**意外**，打破惯性。

有的，带来惊喜；

有的，考验耐心；

有的，你想把它退回去；

有的，却会点亮新天地。

但我们总要在**很久以后**，才能看清。

《花儿与少年 第三季》

汪洋一般的夜里，

少年们 快乐得像一座森林。

洪荒中的哪一刻，

我们才算 **真正的自己**？

嗯，舍得忘了"自己"的瞬间。

《花儿与少年 第三季》

烦恼总是 **超支**，

但年轻，**免费**。

《花儿与少年 第三季》

该如何，辨认 **好朋友**？

他是不怕把自己暴露给你的人；

是不屑点赞，骂你错了的人；

是在自己沮丧时，依然为你加油的人。

他也是在我们迷路时，

一定会来找我们的人。

《花儿与少年 第三季》

人间一趟，灿日碧洋；

一期一会，念念不忘。

希望有天，

不用大笑，也会 **快乐**；

不用说谎，也深信不疑。

《花儿与少年 第三季》

笑着说 **再见** 了，

即使再见遥遥无期。

那时，和你一起，走在路上；

从此，欢天喜地，都在心上。

请你，**别来无恙**。

《花儿与少年 第三季》

我们都是普通人，

普通人的**每一天**都是奇迹。

我们克服一些不可能克服的问题，

我们感受一些不重复感受的 **美好**。

每一天，都是奇迹。

《花儿与少年 第四季》

珍惜自己的喜怒哀乐痛，

珍惜自己每一种 **情绪**，

因为人生只会有一次，

每天也只会有一次。

《花儿与少年 第四季》

人生 就是如此，

我们不可能遇见所有的人，

也不可能错过所有的人，

我们只能 **珍惜** 已有的人，

放下错过的人。

《花儿与少年 第四季》

我们面对的 **人生**，

可以用每一天生活里创造新的故事来丰富它。

我们面对的 **世界**，

可以用每一次旅行里发现新的美好来丈量它。

《花儿与少年 第四季》

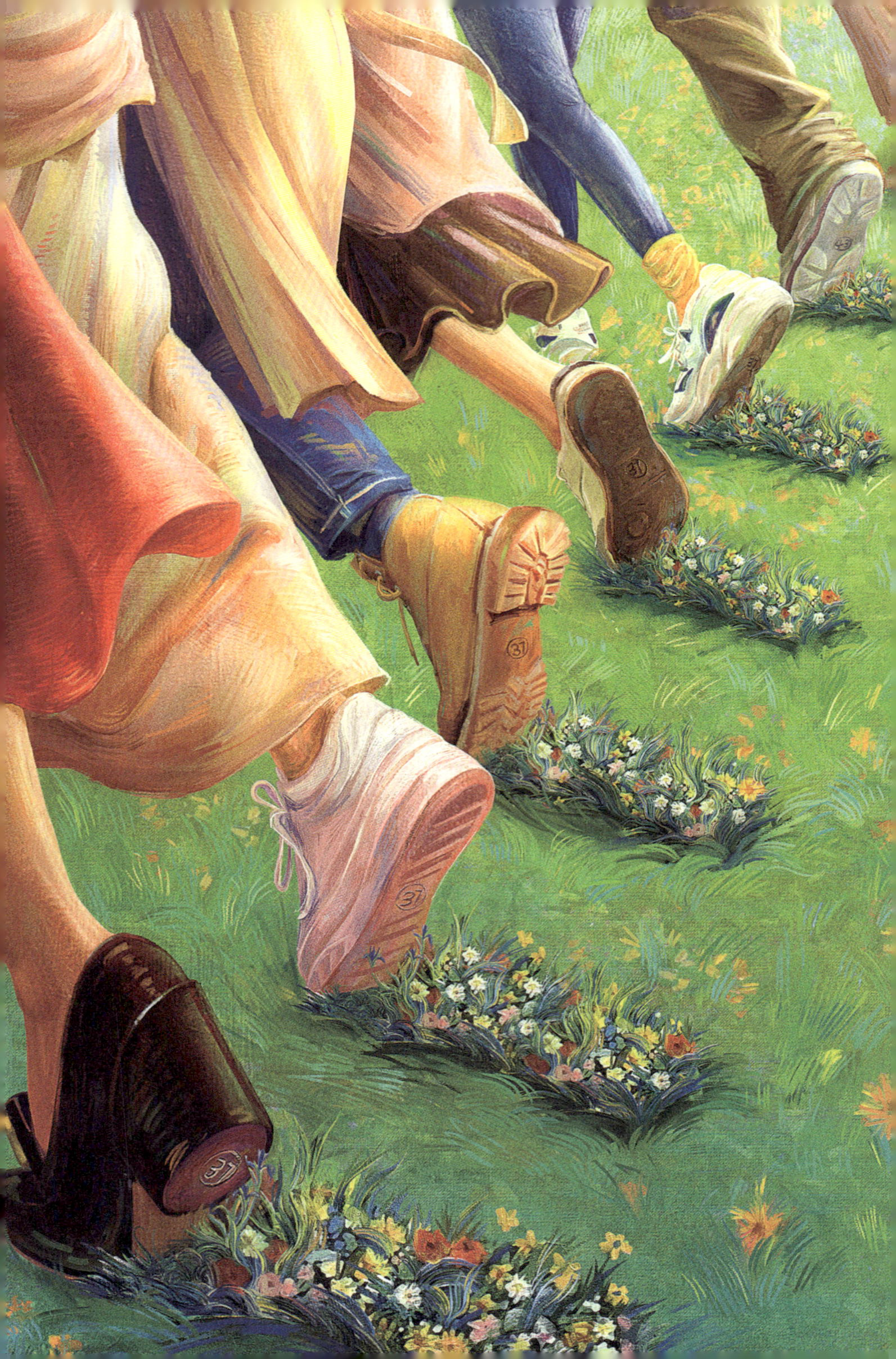
37
37
37
37

请相信相遇
不一定有结局
但一定有意义

走到哪儿都随身带着三件行李，

一件装的是 **希望**，

一件装的是 **梦想**，

一件装的是 **感恩**，

这样，我们的心就会和接触的世界一样宽广。

《花儿与少年 第四季》

请相信，**相遇** 不一定有结局，

但一定会有 **意义**。

《花儿与少年·丝路季》

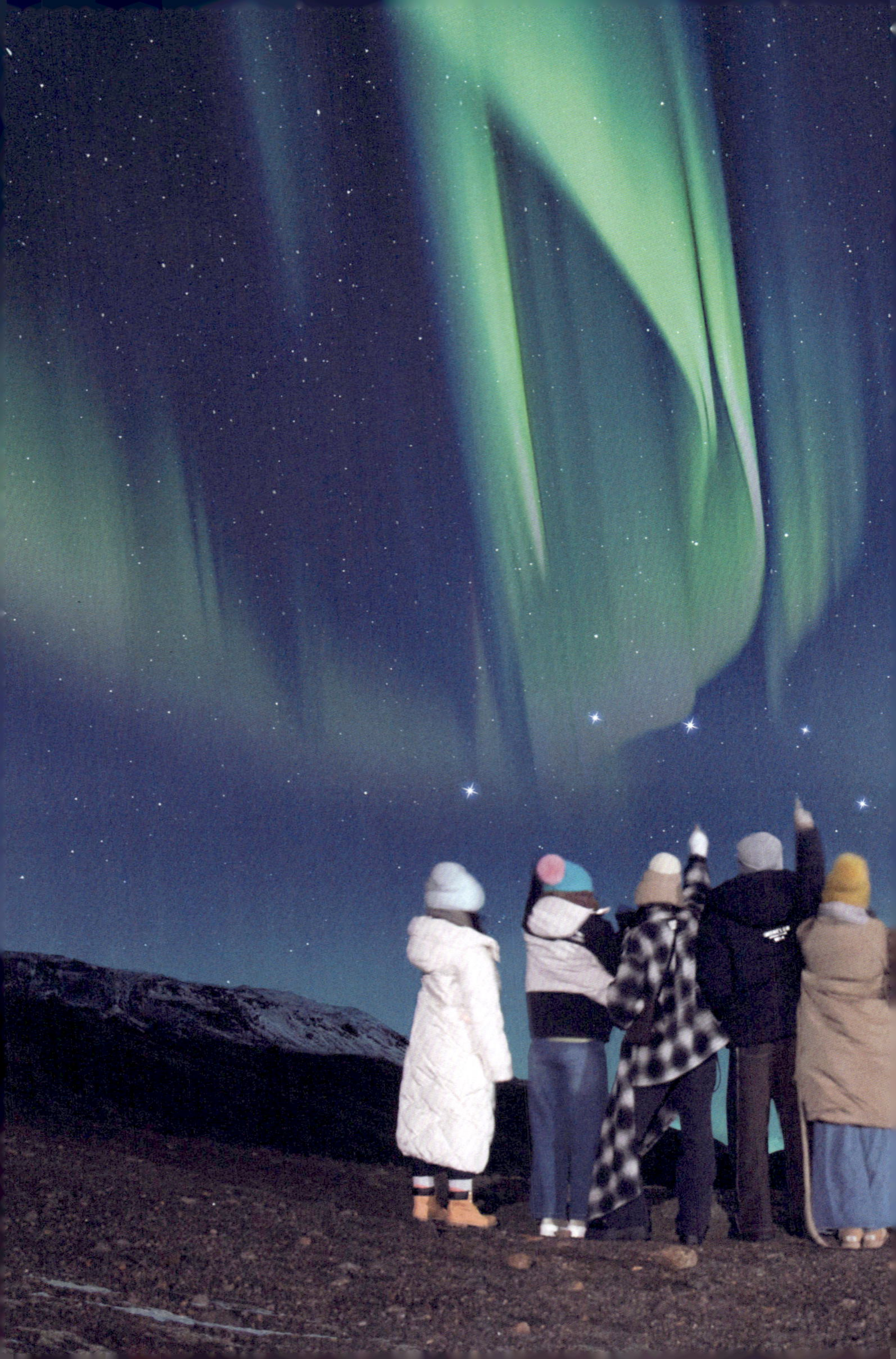

因为未知
总是令人向往的

我们不能做到所有人都喜欢，

就像 **星星** 一样，

会有人看见，

也有人看不见，

存在，**为自己闪耀** 就好。

《花儿与少年·丝路季》

"既然这样，那就那样"，

人生总有许多办法的。

若 **心有所期**，

那晚一点也没关系，

因为最好的，

总是 **压轴出场**。

《花儿与少年·丝路季》

旅程的终点
我们终会抵达

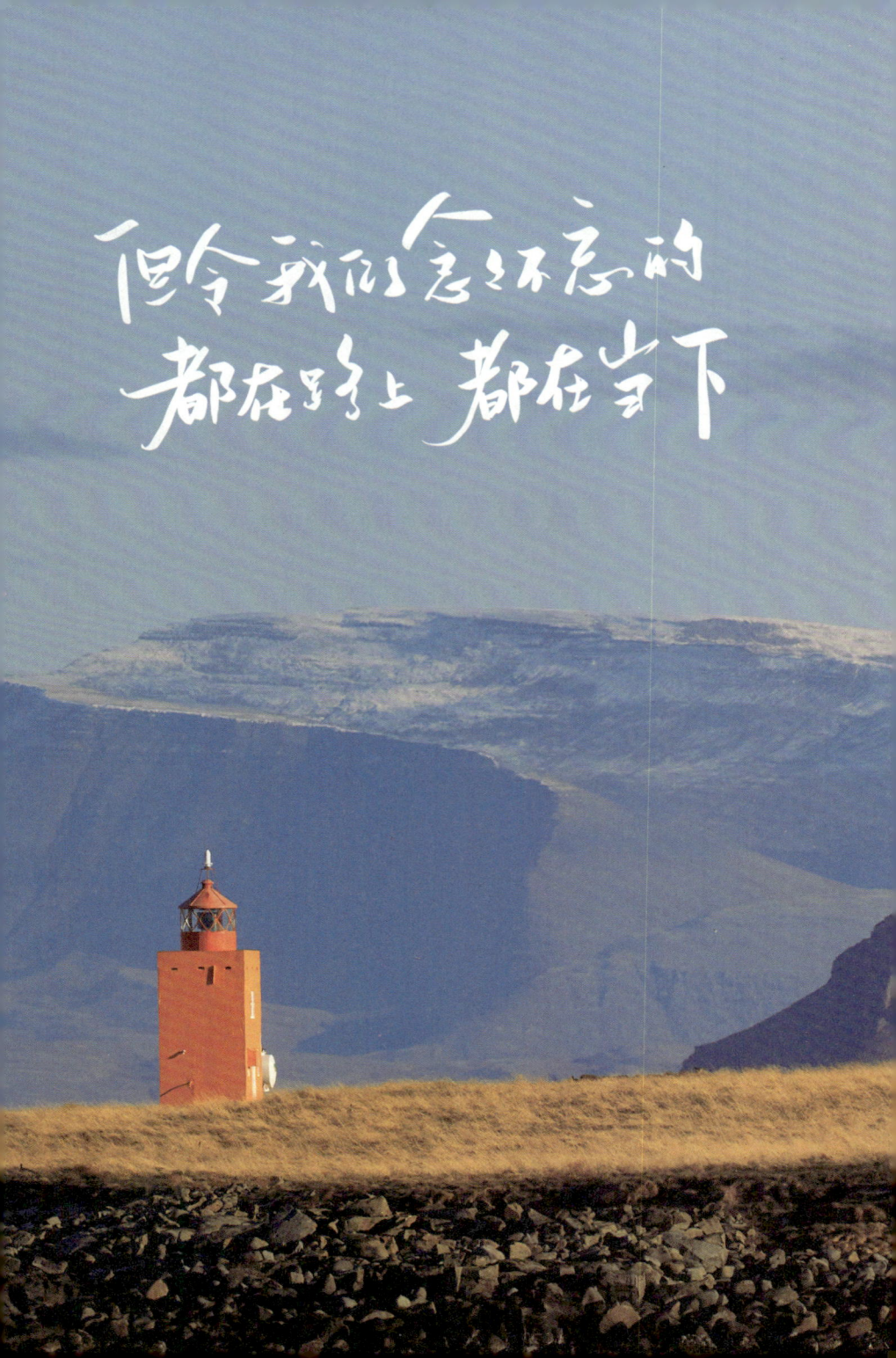

但令我们念念不忘的
都在路上 都在当下

旅程 的终点我们终会抵达，

但令我们念念不忘的，

都 **在路上**，

都 **在当下**。

《花儿与少年·丝路季》

我们 **爱笑**，

生活才没那么糟。

宇宙承载了那么多能量，

它都不烦恼，

渺小 的我们，

又有什么好烦恼的呢？

《花儿与少年·丝路季》

独立的孩子总习惯
自己撑伞

但别忘了 朋友的全称
也叫作"欢迎麻烦"

独立的孩子总习惯自己撑伞，

但别忘了，**朋友** 的全称，

也叫作"**欢迎麻烦**"。

《花儿与少年 第六季》

"被看见"是美好关系中的 **深度**链接。

希望我**看见** 你的同时，

你也刚好看见我。

《花儿与少年 第六季》

在某个**时刻**成为回忆之前,

我们无法预知它的 **价值**。

《花儿与少年 第六季》

生活的糖，要和有趣的人分享，

才不枉人间一趟。

《花儿与少年 第六季》

所谓 **人生百态**,

不过是花大把时间迷茫,

却不曾用心长大。

《朋友请听好 第一季》

时间不说话,静静回答。

努力 不言弃,梦在 **发芽**。

《朋友请听好 第一季》

黑夜本拥有无尽的黑,

遇见你 之后,

所有星星都亮了。

《朋友请听好 第一季》

大人 也只是个长大的孩子，

想要棉花糖的亲吻，

值得云朵般的温柔，

不用奔赴大海，

依旧 **春暖花开**。

《朋友请听好 第一季》

有些如梦的遇见,

久了便要归还人海。

允许一些 **错过**,

迎接对的 **相遇**。

《朋友请听好 第一季》

发现 美好，就像发现今夜有绚烂的星空，其实星空一直在那儿，如同温暖的爱，一直萦绕在周围。

暴雨中，有人气喘吁吁来送伞，感动 +1；走夜路回家，警车在后面慢慢随行，安心 +1；冬日里，收到老友的手信，惦念 +1；第一次汇报，被老板夸，窃喜 +1；孩子终于做完作业，生命值 +1；今日晴，阳光 +1；暗恋的人第一次握住你的手，心跳 +1；通宵加班，搭档递过来一杯咖啡，友谊 +1；每段经历在讲述中，情感 +1；每个故事在分享时，领悟 +1；我们关心全世界和你，让美好值 +1。

创造美好，就像唱起一首动人的歌，其实你起个头，远方自然就会有人应和。

草木皆美，人间有味。世界微尘，桃花春风。

《朋友请听好 第二季》

见面时为你卸下铠甲,

彼此 **坦诚**;

离开前为你披上铠甲,

各自 **坚强**。

快乐又简单,

做一个简单的 **快乐大人** 吧。

《快乐的大人》

我们的**友情** 就像厚切西红柿，

一口下去，

都是彼此的 **意外之喜。**

《快乐的大人》

跟合拍的人合拍,

跟可爱的人可爱。

抵抗遗忘,

定格友情,

咔嚓,

笑容留在长沙。

Hello,快乐的大人!

《快乐的大人》

爱情，

在浪漫梦幻中相遇，

去平凡日常中相知

见过美好的感情，

才能始终对明天怀有 **期待**，

因为期待，

才有继续为爱狂奔的勇气。

和过去 **和解**，

开始人生的下一章节。

敬跌跌撞撞的过往，

也敬轰轰烈烈的明天。

《女儿们的恋爱》

找到对的人,

就是找到 **心安之处**。

包裹彼此不好的一面,

才能拥抱对方最好的一面。

相爱 是一种,

同频率的共振。

《女儿们的恋爱 第三季》

初遇时 的心动，怦然浪漫，在遭遇平淡波折之后，我们还有勇气再次出发，迈向宽广与成熟吗？

当我们翻山越岭，过尽千帆，还能认出彼此，一起完成一次浪漫的征程吗？

我们为什么而心动？

因为相信依然存在，因为爱的力量，无可取代。

重新出发 吧，格局远比结局精彩。去经历吧，经历那些别人讲过的。去追求吧，追求那些我们信过的，就像书写自己的传奇。

心动很短，人生很长，道阻且艰，唯爱永恒。

《怦然再心动》

传说中 有一种荆棘鸟，一生只歌唱一次，从离开巢窝的那一刻起，它就在寻找荆棘树，直到找到的那一刻，它才能停下来，完成这一生唯一的一次歌唱。

我们也曾以这样的执念，去寻找这一生唯一的伴侣，直到夜幕垂落，游乐场打烊，当爱情的金箔被撕裂，裸露出时间的荒原，原来，一生只爱一个人，如同荆棘鸟的歌声，难以得见。

当 心碎的人，重新回到城外，如何重建？

当成年人的爱情，只剩瞻前顾后，我们还能感受心动吗？

如果我们犹豫、自卑、审时度势，我们又如何坠入爱河？

万物推倒又重建，如有决心，每个受过伤的人，都能迈向人生的远方，即使孤身穿越漫漫长夜，也能伸手向爱。

《春日迟迟再出发》

与过往和解
如同被豢养的鲸
重回大海
路途漫久,但满身自由

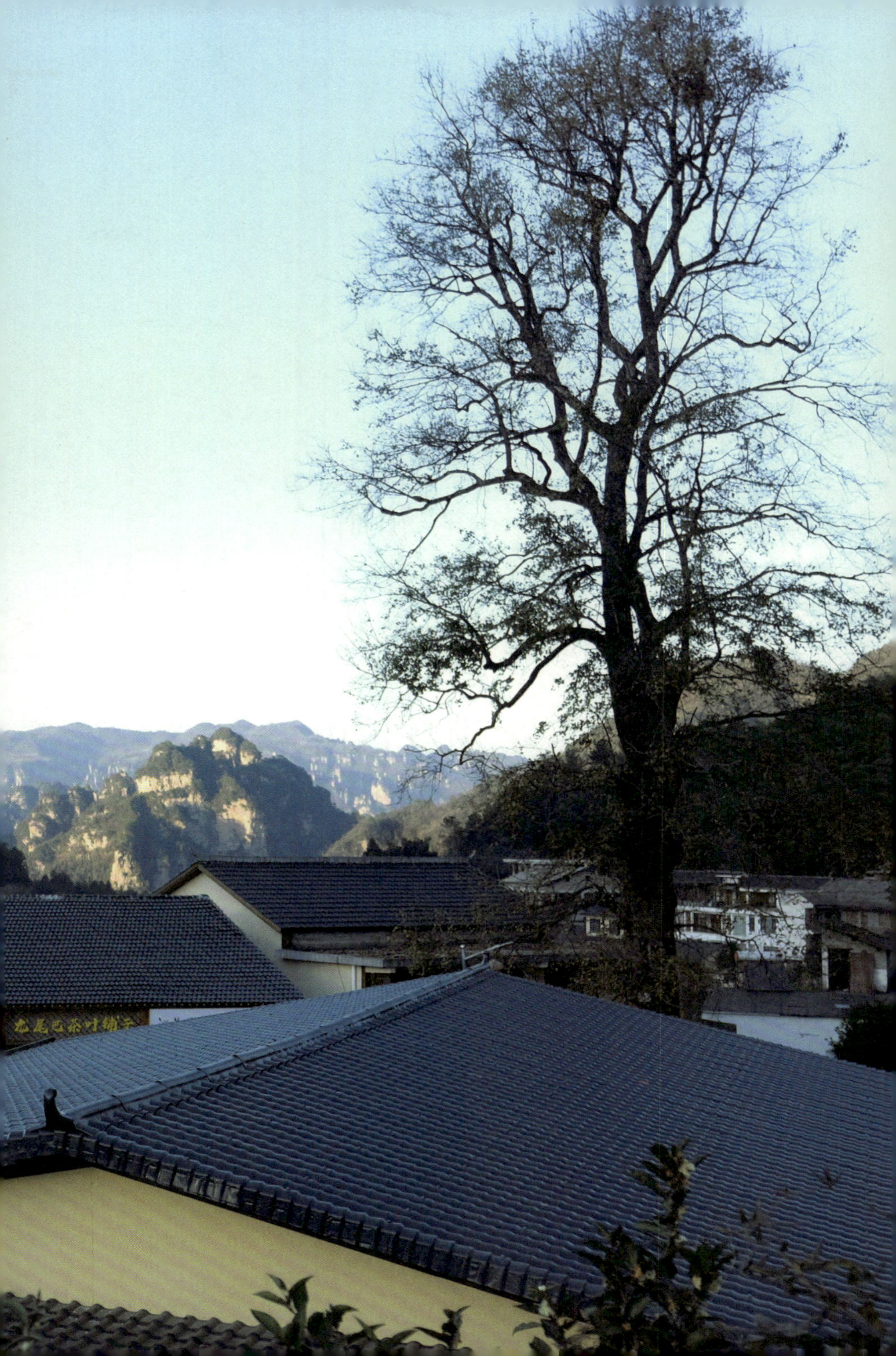

与过往 **和解**,

如同被豢养的鲸重回大海,

路途漫漫,

但 **满身自由**。

《春日迟迟再出发》

婚姻，

爱人，

也是亲手选择的家人

伏羲制嫁娶，女娲立媒约。时光迭代，在奔涌向前的中国，结婚，可能已是最没有门槛的一件事情。无论北上广，还是十八线小县城，恋爱的人们，都有结婚的平等权利，爱情发生了，他们就可以双向奔赴。

与此同时，结婚也可能是最有门槛的一件事情，人们对于美好生活追求的愿景，让爱情的结合方式出现了新的变化。家庭差异、职业差异、性格差异、观念差异，会将我们的婚姻进行显微镜式的放大考量。婚礼是成年人的成人礼，婚礼聚集了浪漫主义下诞生的彩蛋，也开启了现实主义围砌的栅栏。

生活有很多小确幸，也有不少不确定性。我们唯一知道的是，婚礼的那一天，一定是你们曾经梦想过的**最美的一天**。

《中国婚礼——我的女儿出嫁了》

当细胞被赋予时间，

它用 35 亿年穿越时间和空间来创造我们，

好让我们能 **相遇**。

如果爱情能有解释，

是肾上腺素让我们怦然心动，

苯乙胺让我们坠入爱河，

内啡肽让我们彼此感受到温暖与依靠。

即使世界绝对零度，**我们的爱依旧不变。**

《中国婚礼——好事成双季》

如果没有生日，长大就不会被标记；

没有毕业礼，新旅程就没有正式的开篇。

仪式 提醒着我们，

从哪里来？我们要去哪儿？我们爱着谁？

婚礼上的告白叫"承诺"，

郑重其事地放开父母的手，

宣告，

我将与你"同行"，我将与你"共生""老去"。

《婚前 21 天》

当我们 筹备婚礼时，我们在筹备什么？对未来的期许，对当下的庆祝，和对过去的纪念。

准备婚礼的一年，就像齿轮运转的第一圈，我们磕磕碰碰，把恋爱的半成品，打磨出成品，在反复碰撞、试探、沟通中确认，是你，将与我结为联盟，共赴旅程。

为此，我愿意长大，学会担当。

我们将成为父母，成为庇护，我们将连为家族，如大树强壮生长，我们将用恢弘的时光，在屋檐下慢炖一锅滋味。

而**幸福**，有一点甜，也有一点呛，就像花椒味的雪梨汤。

《婚前 21 天》

古时候，女孩出嫁叫出阁，拜别父母，出了闺阁，去主持另一个家。

她将是你未来孩子的妈妈；她是你信上那个独一无二的名字；她是时光闪闪几十年，合照的另一边；她是你身后的岸，温柔而坚定，撑住你的冒险；她是你登门求得的宝贝；她是爸爸的小女儿。她勇敢，自信，不怕付出，她是布衣公主，遇见了笃定的幸福，放开了老国王的手。

如果 你能想象她全部的样子，那么婚礼就值得一切郑重其事。

《婚前 21 天》

一件 手工的老旗袍，一份积蓄，所谓嫁妆是妈妈给的信物，替她对你说：亲爱的孩子，你被好好地爱着呢。

当有勇气去走离家的路，做你想做的事。一次男人之间的交心，一杯酒，是无声的结盟，替爸爸宣告，你将为夫为父，和生活过招，我愿把一生武功经验，悉数教你。

你 变作城堡，她才是珍宝。那些嫁妆和礼数，无非是父母的好愿景，给新婚夫妻一点鼓励，一些底气。于是他们敢走夜路；敢在一无所有的时候相信明天；敢对另一人承诺余生。

于是他们成为父母，爱写在时光里，像一个古老的圆。

《婚前 21 天》

古堡

白纱，农场涂鸦，我们为婚礼设计了无数主题，是因为想拥有童话般浪漫的爱情故事吗？不，是因为我们早就知道了，这世界没有童话。

生活是算账，是查漏补缺，是茶米油盐，那为何你我明知真相，却依然兴致勃勃地去扮演王子和公主呢？因为不能忘啊，你曾是拿着树枝当剑的少年，我曾是戴上花当王冠的女孩，我们一生，要做很多有用的事，这一刻，耗费大把时间精力地无用吧。

我

是农场里最爱笑的女孩。

我是王子，在湖边救了一只黑天鹅。

我是六十年代的歌手，我的爱人是我的头号粉丝。

我是公主，这般优雅毋庸置疑。

人生导演，时光掌镜，愿某日回望今天，以皱纹题词，笑容谢幕。

《婚前21天》

亲爱的，走向彼此的这条短短花路，我们各自走了多远呢？走过护士阿姨的怀抱，走过幼儿园小刘老师的手心，走过空旷的训练馆、宿舍楼下的小卖部，走过家人的叮嘱和目送，走过妈妈牵手戴玉镯，奶奶一声声的托付，走过大学离家前的夜晚，爸爸说要好好照顾自己，记得你是我的命，而今天走过他笨手笨脚的梳头礼。走过家中变故，走过成人世界，护着胸口滚烫，背着盛大的时光，我们终于走向彼此。

为什么要办婚礼？因为只有在婚礼上你才能看见，这样的爸爸，这样的妈妈，这样的自己。

我们要拥抱很多很多次，流很多很多的眼泪来记得，婚礼很短，婚姻很长。要记得啊，要幸福呀。

《婚前 21 天》

昨天，**爱情** 是遥远又美好的想象。

今天，爱情变成近在咫尺的麻烦。

明天，爱情会升华成婚姻的琐碎平凡。

相信爱，才能相爱。

《我家小两口》

你是我跋山涉水的 **星光**，

一眼春秋，忘记了流浪。

零碎的岛屿会找到海，

你完整了 **我的存在**。

《我家小两口》

人们说，

爱情带来幻想，

婚姻带来幻灭，

幸福 只属于单身勇士，和……战神。

婚前笑得越大声，

婚后都是捉弄人。

大概，婚姻和家庭，

是人生里最大的 **悬疑**，

让我们试一试，

能不能破案？

《妻子的浪漫旅行》

知道你会赶来，所以我愿意 **等待**。

知道你在等待，所以我全力赶来。

迫不及待游进你的视野，

以后的日子，**我来追你**，

不管你怎么甩，我都一直追。

紧跟你的所有步伐，

执行你的一切指挥，

对你的爱，我要"自私"地独立完成。

《妻子的浪漫旅行》

记忆和人生都有 **期限**，

回忆和陪伴才如此珍贵。

你在身边的每分每秒，

我深深记得，

待走入 **时间的荒野**，

借来认出彼此，

再喊出你的名字。

《妻子的浪漫旅行》

有一种恩爱叫"互黑",

有一种情话叫"吐槽",

有一种浪漫叫"不必一样,但我懂你"。

我懂你 不善言辞的体贴,

我懂你大大咧咧的胆怯,

世人知你坚强,而我懂你善良。

我愿意陪你尽情尽兴,大笑大哭,

你在笑,我在闹,

就是 **最美的答案**。

《妻子的浪漫旅行》

我们 常常只用自己的视角，去看待属于两个人的婚姻，让爱和付出，陷入盲区。唯有交换彼此的位置，才能体谅对方的心境，才明白现世美好。

是因为有人担当，我懂了承诺的分量，也学着向你告白，我重新领悟了幸福。

见过 广阔天地，不再患得患失，11年前真心的勇敢，11年后扎实的浪漫。

《妻子的浪漫旅行》

或许**真爱**就是，

无论怎么赌气，都不会有人走掉；

无论怎么争吵，我还是想要爱你。

谢谢你站在我背后，

教我怎么去爱，也能让我做自己。

因为有你，笑容带泪也甜美。

《妻子的浪漫旅行 第二季》

爱情 没有圈里圈外，

只有敢与不敢。

谢谢你，

给了我争吵以后更 **笃定的爱**。

今后的路，一直甜下去吧。

《妻子的浪漫旅行 第二季》

唱一首简单的歌 **给你**，

走一段简单的路 **陪你**，

捧一颗简单的心 **送你**，

筑一个简单的家 **爱你**。

《妻子的浪漫旅行 第二季》

每个女孩都希望，

在 **最好的年华**遇见一个人，

但其实是 **遇见**了那个人，

才迎来了最好的年华。

《妻子的浪漫旅行 第二季》

有太多话想告诉你，

反而不知从何说起。

我在你背后，拼命 **追赶** 你，

想要变得更好。

为了和你并肩，和你交心，

当调换角度才发现，

你为我扛起世界有多不易。

可我希望，替你多分担一点点，

我希望站在你身边，和你一起 **面对世界**。

《妻子的浪漫旅行 第二季》

你爱讲的三个字,

我藏在心的三个字,

都是"**我爱你**"。

《妻子的浪漫旅行 第二季》

什么是对的人?

在她面前,

心不再叮叮当当,无处安放。

在他面前,

你卸下武装,不必英勇。

或许品尝过的冷暖,

是为了打磨灵魂,与你 **契合**。

对的人,在任何时候遇见,

都是 **最好的时候**。

《妻子的浪漫旅行 第二季》

婚姻 是两个人的缺口合成齿轮，

朝一个方向运转，

爱 是不计较的付出。

《妻子的浪漫旅行 第二季》

爱庞大如 **宇宙**，

微小如 **萤火**，

愿你们在每一个日常里，

有笑，有泪，有拥抱的对手，有仰望的星河。

《妻子的浪漫旅行 第二季》

生活藏起心动，留下平淡的影子，

不经意的惊喜，都成 **美好回忆**。

人间烟火是你，怦然心动是你，

无关时间，不问金钱，

不被生活蹉跎，不为世事黯然。

每一次的脸红心跳，

都让我们铭记 **爱情的初心**。

《妻子的浪漫旅行 第三季》

夫妻 **恩爱**，

先有"恩"，后有"爱"，

再用余生，慢慢 **偿还**。

《妻子的浪漫旅行 第三季》

哪怕你再 **耀眼**，

我都会做一颗围绕你不停转动的 **行星**，

此生都不脱离轨道。

《妻子的浪漫旅行 第三季》

亲爱的 **妈妈**,

承蒙时光关照,我又长大一岁,

只身前行的路上我邂逅了梦中的他。

亲爱的妈妈,

今日溢满的幸福想与最爱的您一起 **分享**。

亲爱的妈妈,

从执手二人到三口之家,我真的好想您。

《妻子的浪漫旅行 第三季》

人间风和月，世间平仄声，

唯您不在我身边。

人生旅途遇见的风景，无法与您分享，

是我此生最大的 **遗憾**。

《妻子的浪漫旅行 第三季》

婚姻本身是个 **难题**，

我们在谜里，

也是 **答案本身**。

《妻子的浪漫旅行 第三季》

生活苦乐参半，

你是我眼中唯一的清明。

纵使满路荆棘，

只要心中有爱，身边 **有你**，

便足以抵御一切。

世间颜色千万种，

唯你是我情有独钟。

最**幸福** 不过，

我温柔蜜语，而你恰好应答。

《妻子的浪漫旅行 第三季》

欢喜着你的 **欢喜**,

想念着你的 **想念**,

用爱承载你的一切,

生命的意义,

仅仅因为**爱你** 就足够绚烂。

《妻子的浪漫旅行 第四季》

看过夜幕低垂,

触过低谷尘灰,

才能静待世间璀璨暗淡。

生命的灰暗无法抹灭,

却衬得阳光 **更暖**,星光 **更闪**。

《妻子的浪漫旅行 第四季》

你的光芒与平凡都让我 **心动**，

但想与你相伴余生，

只因你是你。

我爱你，

甚于昨日，略匿明朝，**延绵无期**。

《妻子的浪漫旅行 第五季》

从遇见到再见,

从棱角相抵到紧紧相拥,

这段最特别的 **烟火**,

再次绽放也依旧期待。

约定的离别难以避免,

限定的花期才弥足珍贵,

追逐的梦想尘埃落定,

未来的岁月却要 **各奔东西**。

人生越是有限,

越要过得 **珍惜**。

《妻子的浪漫旅行 第五季》

你的名字 本就是世间

最浪漫的 情诗，

你开启了我的人生旅行，

从此路过皆是风景，

停留皆是月明。

《妻子的浪漫旅行 第五季》

我所有心愿的 **谜底** 都是你,

所有好兆头也都因你而坚信,

目之所及关于你的每件事,

我都能克服一切 **全勤出席**。

《妻子的浪漫旅行 第五季》

婚姻 是，

高筑的心墙也为你坍塌，

我的少女心也专属于你；

婚姻是，

有了盔甲，同时有了软肋，

想要在你怀里停靠又想要为你远航；

婚姻是，

用陪伴熬出浪漫，吵闹也是恩爱，

岁月就是我们 **最长情的告白**；

婚姻是，

刺猬也能变得柔软，

大女主剧本也能为你改做小女人。

《妻子的浪漫旅行 第五季》

我们尝试过讨论，如何经营婚姻，

答案，千姿百态：

婚姻银行是默默的付出，

婚姻银行是合理的经营，

婚姻银行是一生的承诺，

婚姻银行是彼此的感恩……

而幸福婚姻，是以 **一生为期**，

许下旷日持久的浪漫。

情感储蓄，不一定是最完美的经营方式，

但**定期存储**，一定是最有爱的选择。

致每一个人，

不论此刻的你，单身、热恋还是已婚，

希望婚姻，是你们人生中，最好的经历之一。

《妻子的浪漫旅行 第六季》

走过黑夜与阴霾，

才会发现日落如朝阳一般，

皆是温柔与浪漫。

太阳下山了，

夜晚也会有 **灯光**亮起，

你看，这个世界并不坏，

光终究会洒落到身上，

告诉你我，

不枉 **人生灿烂**一场。

《妻子的浪漫旅行 第六季》

离婚，作为婚姻关系的终止符，

也意味着契约的瓦解。

两个曾经承诺绝不分开的人，

从离婚的那一刻开始，

又变回两颗独立的星体。

浩瀚宇宙，**分开旅行**，

也许会重逢，也许再也不复相见。

《再见爱人 第一季》

勇敢的人，

不是不会落泪的人，

而是含着泪也勇敢说出来的人。

《再见爱人 第一季》

人之所以为人，

就是会有自由而流动的、无法被归类的 **情感**，

但无论我们如何定义，

无论是否心口不一，

当天拥抱的温度，

依然会热切地 **温暖彼此**。

《再见爱人 第一季》

人与人总是相隔雪山,

你执着要 **愚公移山**,

我劝你对现状 **安然**,

你是对的,但我也没错。

《再见爱人 第一季》

为了避免心碎,

人们往往连 **心动** 也一起掐灭。

爱是勇敢者的游戏,

它宽容千奇百怪的 **命运**。

《再见爱人 第一季》

爱是什么？

是付出、守护和日复一日的 **默默关怀**。

爱还是什么？

是霸占、摧毁和一切以爱之名释放的 **伤害**。

《再见爱人 第一季》

不确定性 是这个世界运行的唯一规律，

你可以叫它"**意外**"，

也可以叫它"**希望**"。

《再见爱人 第一季》

欢笑 和危机,哪个是真的?

有人在笑声中得到治愈,

有人用笑声掩饰疲惫与疏离,

欢笑和 **危机**,或许都是真的。

《再见爱人 第一季》

独处不一定意味着孤单
灯光 音乐 加一点自由灵魂

一个人也可以是一场狂欢

独处 不一定意味着孤单，

灯光、音乐，加一点自由灵魂，

一个人也可以是一场 **狂欢**。

《再见爱人 第一季》

如有温存的 **默契**，

　　春风都会替爱人说话。

如有 **固执** 的高墙，

　　时间也没有办法。

《再见爱人 第一季》

旅行 是一张神奇的网,

遗失的记忆,一片片被打捞起来。

让敏感而拙言的人们,

愿意搁下长久背负的委屈,去望见轻盈的 **明净**。

《再见爱人 第一季》

人难以 **逃避命运**,

就像黄沙避不开风。

即使是被爱意流放的人,

也可以好好**享受** 深情相拥的每一秒。

《再见爱人 第一季》

不在眼前的这个人依然可以成为你所有的 **心事**，

令你千头万绪，辗转难眠。

沙漠的最后一晚，

所有的思绪在此刻暂且按下。

夜色再浓，

太阳总会照常升起。

世上有太多等 **日出** 的人，

他们是在守候一个白昼的开始，

还是在期待一次黑暗的结束呢？

《再见爱人 第一季》

终其一生，我们都在建立和他人的关系。这让我们得以从亲密的坐标中，窥见最完整的自己。我们渴望不安被补偿，孤独被蒸发，为了得到这样的体验，我们不惜在山霾中攀登，于海雾中穿行，带着荆棘与暗礁赐予的不甘，寻访幸福的终极奥义。

当爱情翻越凌霄，带来疾风骤雨般的盛大欢乐，又悄然陨灭于现实的脆弱，爱人们不再歌颂永恒，但我们依然忍不住向迷雾尽头的光点提问：为什么爱不是一切问题的终极答案？为什么我们没能和对的人走进婚姻？

那么，什么是对的人？

每个人都是充满问题的个体，我们总是擅长对亲密的人露出狰狞。那些狰狞的背后，是浑浊的哀愁和小心翼翼伸出的手。

困顿之中，没有人应该成为一座孤岛。重新踏上旅程，再次袒露灵魂。命运自会奖励勇敢的人。

相逢会有时，迷雾之后，再见爱人。

《再见爱人 第二季》

当我们真正想要 **靠近** 一个人，

裸露灵魂 永远比裸露皮肤更有效。

《再见爱人 第二季》

当我们深陷 **闭环**，

哭，不一定是因为悲伤；

笑，不一定是因为喜悦；

说，不一定因为想沟通。

明知徒劳无用，依然要反复推石头上山，

推到山顶滚下来，再推一次，

当我们反复以疯魔的形式将自己烧透，

我们可曾 **倾听** 过身体里的雷声？

《再见爱人 第二季》

缓慢地爱你
笨拙地爱你
矫情地爱你

什么姿态并不要紧

要紧的是 爱你

缓慢地爱你，

笨拙地爱你，

矫情地爱你，

什么姿态并不要紧，

要紧的是，**爱你**。

《再见爱人 第二季》

每一桩 **摇摇欲坠** 的婚姻，尽头都是一座冰山。体面，凝结成霜，浮于海面之上。

那些难以宣之于众的悲苦，则向下冻结成巨大的山体，在不被察觉的注视中，隐痛，缓慢生长，直至寒冰万里。

婚姻 之爱，赋予我们重塑爱人的巨大能量。这能量带来承托与治愈，也将掌握与爱的边界，一再冲刷模糊。

当一棵树木想要肆意生长，又不忍舍弃围墙的保护，我明白了"困"字的缘起。

《再见爱人 第三季》

人生向前，旧时的钉子却往往将人钉在原地。付出多少心力，才能将一段关系炼成永恒？

喊声落在旷野里，如同瀑布，砸入无垠的大海。将质问碎成叹息，每一段关系的丰盛绽放，都需要经历撕裂与弥合。当心中的裂痕长成故事的花纹，也许正是改变的开始。

那些温柔誓言留下的火焰，依然是爱的证据。

冰川之下，也有 **爱意万里**。

《再见爱人 第三季》

深潜进幽深的 **关系**，

我已不好奇爱情最终的兴亡，

更想 **看清**，

曾经在哪个路口，

我们松开过彼此的手。

《再见爱人 第三季》

以前说到 **感情**，是"物以稀为贵"，

现在说到以前，是"勿以昔为贵"。

人类啊，需要听多少种劝慰，

才能 **过好** 这一生。

《再见爱人 第三季》

我该如何 **爱你？**

风吹动岁月的经幡，

近 也不能，**远** 也不能。

《再见爱人 第三季》

可以 **共苦** 的人，

往往不能一起 **同甘**，

这是成人的爱情世界里，

一则残酷的 **童话**。

《再见爱人 第三季》

成年人的 **掌控** 与苛求,

也许是幼时的自己,

透过那道从未弥合的伤口递向未来的 **防御**。

《再见爱人 第三季》

深不见底的 **爱**，

大概多少都带着恨意。

恨 你不能变得更好，

恨我无法离开你。

《再见爱人 第三季》

争吵 总会令爱人忽视一件重要的事，

两人经历的其实是相同的痛苦——

不被伴侣所重视的 **痛苦**。

《再见爱人 第三季》

亲密关系 的不可思议就在于，

那些我试图掌控的东西，

最后总是反过来 **掌控** 了我。

《再见爱人 第三季》

会**痛**　的不是爱，

会痛的，

是怀疑爱、抗拒爱，又恐惧不被 **爱**。

《再见爱人 第三季》

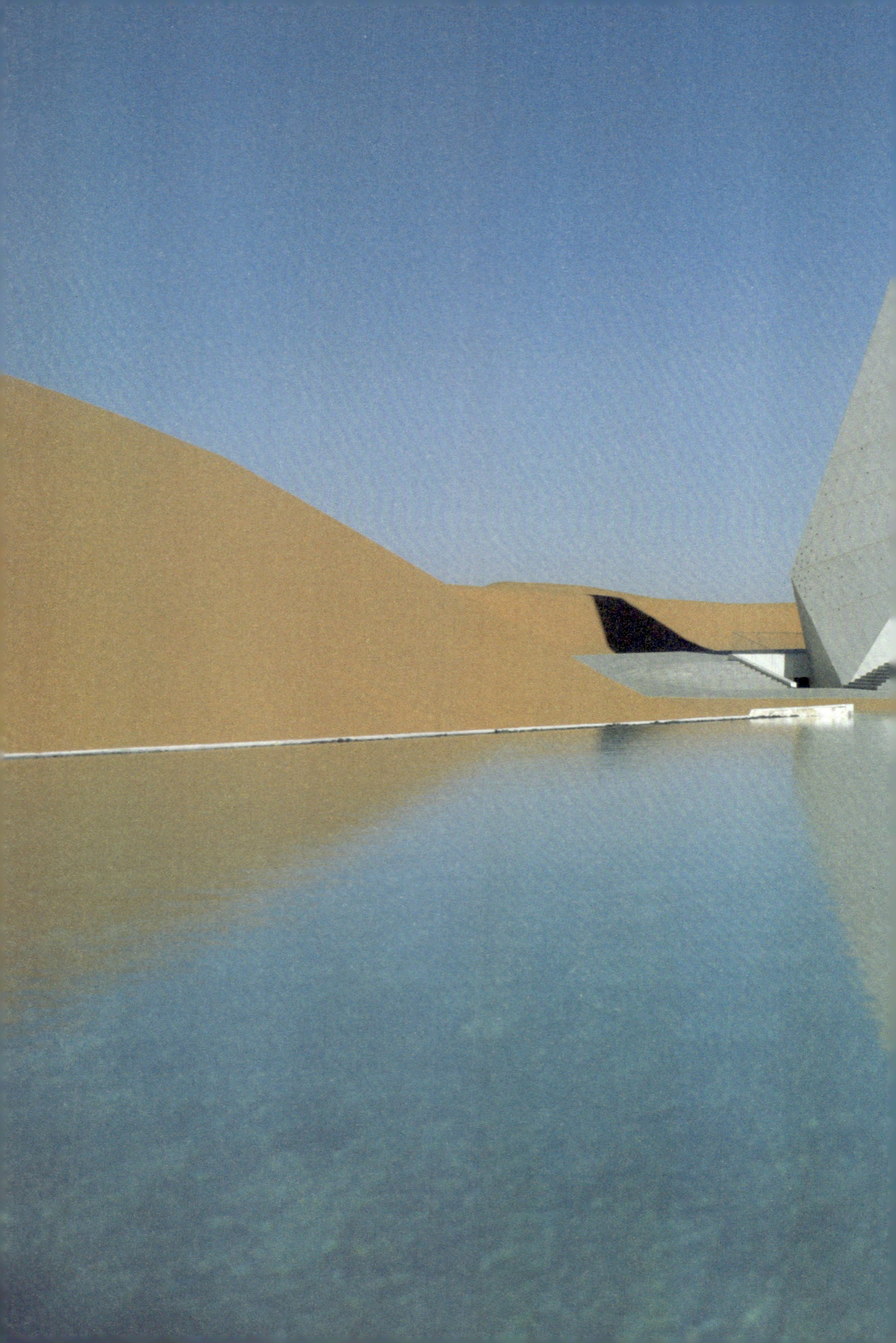

自画像就像是一面镜子
只是不知道照出的
是心底的哪个自己

爱是一场 **自我教育**,

需要反复练习如何克服天性,

掏出 **真心**,

去换一双爱人看向你的眼睛。

《再见爱人 第三季》

自画像 就像是一面镜子,

只是不知道照出的,

是心底的哪个 **自己**。

《再见爱人 第四季》

当仰望累计够了 **失望**，

圆也会长出角，**刺破围墙**。

《再见爱人 第四季》

爱人 是这个世界上最需要赞美的人，

因为他们见证我们的缺点，

却依然选择 **同行**。

《再见爱人 第四季》

当我们反复以爱情的名义
向爱人发起沉重的邀约

如同将黄金系在鸟翅上
却忘了鸟儿会失去
展翅的力量

当我们反复以爱情的名义,

向爱人发起沉重的 **邀约**,

如同将黄金系在鸟翅上,

却忘了鸟儿会失去 **展翅** 的力量。

《再见爱人 第四季》

经年累月的 **婚姻**,

带来盘根错节的缠绕,

如同口香糖里的灰尘,

永不相融,却深深镶嵌,

成为一股黏稠的宿命,

牵拽着那些不忍的爱人们,一路向前。

《再见爱人 第四季》

时间将所有细小的**缝隙** 风化成为人生的天堑，

它是如此庞大，

爱情的糖霜已 **不可填补**。

《再见爱人 第四季》

成长篇

PART 03

别怕渺小,

你并不平庸,

致每一个自成宇宙的你

有人说，

"每个人的历史，从出生前就开始了。"

爱与烦恼，幸福与秘密，

时间与魔幻，**永恒交替**。

女人，从母亲开始，

就是我们一生中最早记得和最后忘却的名字。

而每个女人，砺砺一生，都在面对性别与年龄、

生活与自己的 **锤问**。

《乘风破浪的姐姐》

有人说
每个人的历史
从出生前就开始了

三十岁以后，

人生的见证者越来越少，

但还可以 **自我见证**。

三十岁以后，

所有的可能性不断褪却，

但还可以越过时间，

越过自己 。

《乘风破浪的姐姐》

三十而 **励**，

在时光的洗练，在时代的铿锵中，

我们不断更新对世界，对生命提问的能力。

三十而 **立**，

我们从每一寓言里，辨认自己，

也认识他人的内心、他人的真理。

《乘风破浪的姐姐》

三十而**骊**，

骊色骏马，飞云踏海。

我们关心成功，也关心失败，更关心每个人要面对的那座山。

我们关心美好，也关心热爱，更关心日新月异的未来。

努力与翻越，不馁与坚信，

肆意笑泪，青春归位，

一切过往，皆为序章，

直挂云帆，**乘风破浪**。

《乘风破浪的姐姐》

2020 年，波澜壮阔，也异常勇敢。家国天下，个人命运，在乘风破浪中砥砺前行。

请允许我们，带着对未来的提问，**再次出发**。

我们是星尘，更是命运共同体，我们真心渴望，乘风破浪的帆船，这一万种可能性之一的努力，能激活更多的人生，勇于从 10 分去探索 100 分。

《乘风破浪的姐姐》，不是选秀，而是一个关于"选择"的故事。

所谓"自由"，是做出最大的选择的能力吗？不，真正的"自由"，是在我们的视野内，**容纳和让渡**不自由的能力。

《乘风破浪的姐姐 第二季》

三十而 **毅**,

人生最大的，却也最精彩的冲突是，

"我们登上并非我们所选择的舞台，演绎并非我们选择的剧本"。

三十而 **熠**,

世界随时都在重新开始，

一切又从今天开始了。

三十而 **奕**,

落子无悔，乘风破浪，爱无反顾。

《乘风破浪的姐姐 第二季》

赶路的人，一定能遇见同行的人吗？但铺路的人一定会照耀迷路的人。曾经的我们，都做过很野的梦，扑过很多次空。白云苍狗，四季枯荣。是谁，依然赤着脚，昂着头，奔跑在烈风中？

兵临城下，萤火中的凛冬；三十而悦，平凡而后勇。已经踏过了千重浪，却依然挚爱着，像刀锋一样，转眼渡过了万重海，依然骑鲸追梦。

请你别担心，请你别放弃，清风拂明月，**山海有相逢**。

三十而悦，唱一首悦耳的歌谣吧，就像从来不曾害怕过一样；跳一支悦目的舞吧，就像从来不曾伤心过一样；说一句悦心的话吧，就像是我们永远都不肯沉没一样。

离离春风，万物生长；乘风破浪，别来无恙。

《乘风破浪 第三季》

千帆过尽了,雾依然浓,

点一只萤火 照亮凛冬,

什么是爱,什么是懂,

沉默的人慢慢学会了勇。

谁在害怕的夜里被冷吹痛,

紧握天真却看着它溶,

你微笑说了一句请相信梦,

全世界又种满春风。

我会边哭着又边笑着去 有你的地方,

只为心跳着脸红着看你的模样。

我要大哭着又大笑着去 有风的地方,

总有一朵花,

藏在我扑空的手上。

《乘风破浪 第三季》主题曲《乘风》
作词:吴梦知

如果 风有年轮，拂过你我面庞的风，也许正在吹诵五千年的故事。

我们站在风中，时而顺风疾行，时而逆风展翅。

听风，逐风，乘风。最终，成为风的一部分。

而风，没有边界。

当你我在更大的舞台中遇见、拥抱、缠绕、支撑，便有了你我相乘的力量。乘出朋友、团队、师徒，乘出燃点、沸点和下一个起点。

积小成大，步步独行展翅膀，成就独自吟唱成交响。

作为命运共同体的每分之一，我们以文、以乐，向八方相迎；以诗、以歌，与年华相和。

字若珠玑，传千年底蕴；曲舞鱼龙，耀现世风华。

从此，吹拂大江南北的风，涌动起大洋彼岸的云，心中的热望扶摇直上。

幕起之时，皆是 **美美与共**；目之所及，尽现大美中国。

《乘风 2023》

都说时间是女人的敌人,有时候它霸道,布置了无数人生的课题,却不给任何人加时的特权。

但聪明的人懂得和时间做朋友。它交给我们一把碎片,我们便郑重地接过,百般腾挪,把它们变成 **一手好牌**。

从容 是成长最棒的彼岸,试着跟时间讲和,在自己的节奏里,为在乎的事一掷千金。

相信时间就是相信自己,当所有的人、事、物一去不返,用时光浇灌的花,是唯一不败的我们的绽放。

《乘风 2023》

与其说，进步使人成为 **更好的自己**，不如说，因为进步我们知道自己是谁。

我们在尝试里进步，发现自己的喜好；在高光里进步，遇见自己的飞扬；在艰难险阻里进步，激发出新的潜能。

每个人 都是这样通过镜子看清自己的脸，却在与心愿和荆棘的较量里，看清自我真实的样子。

《乘风 2023》

有人打开过
被生活关上的门

有人重燃过
被动摇熄灭的火

当 天空再次亮起，有人已经站上曾眺望过的云端，乘风至此。有人打开过，被生活关上的门；有人重燃过，被动摇熄灭的火。纠结、怀疑、脆弱，从不会自己消散，当你编织了飞得更高的翅膀，它们就会被甩在身后，消失不见。

你 一步一步登顶，并非孤身一人。那个并不寒冷，甚至炽烈的高处，请全力以赴，那是你对自己最好的答复，是给对手最高级的敬意。从此一起扔掉地图，让我们做自己的天涯。

《乘风 2023》

风一路吹来，

吹过追梦者的指尖，

拂过失意者的面庞，

乘着风，我们想把一个个舞台上的梦，

做到无限大。

实现一个人的梦就能让无数人更勇敢地做 **梦**。

风向上吹，

带我们去俯瞰，

看到挑战被 **翻越** 的样子，

风向远去，

让我们成为 **涟漪**。

《乘风 2023》

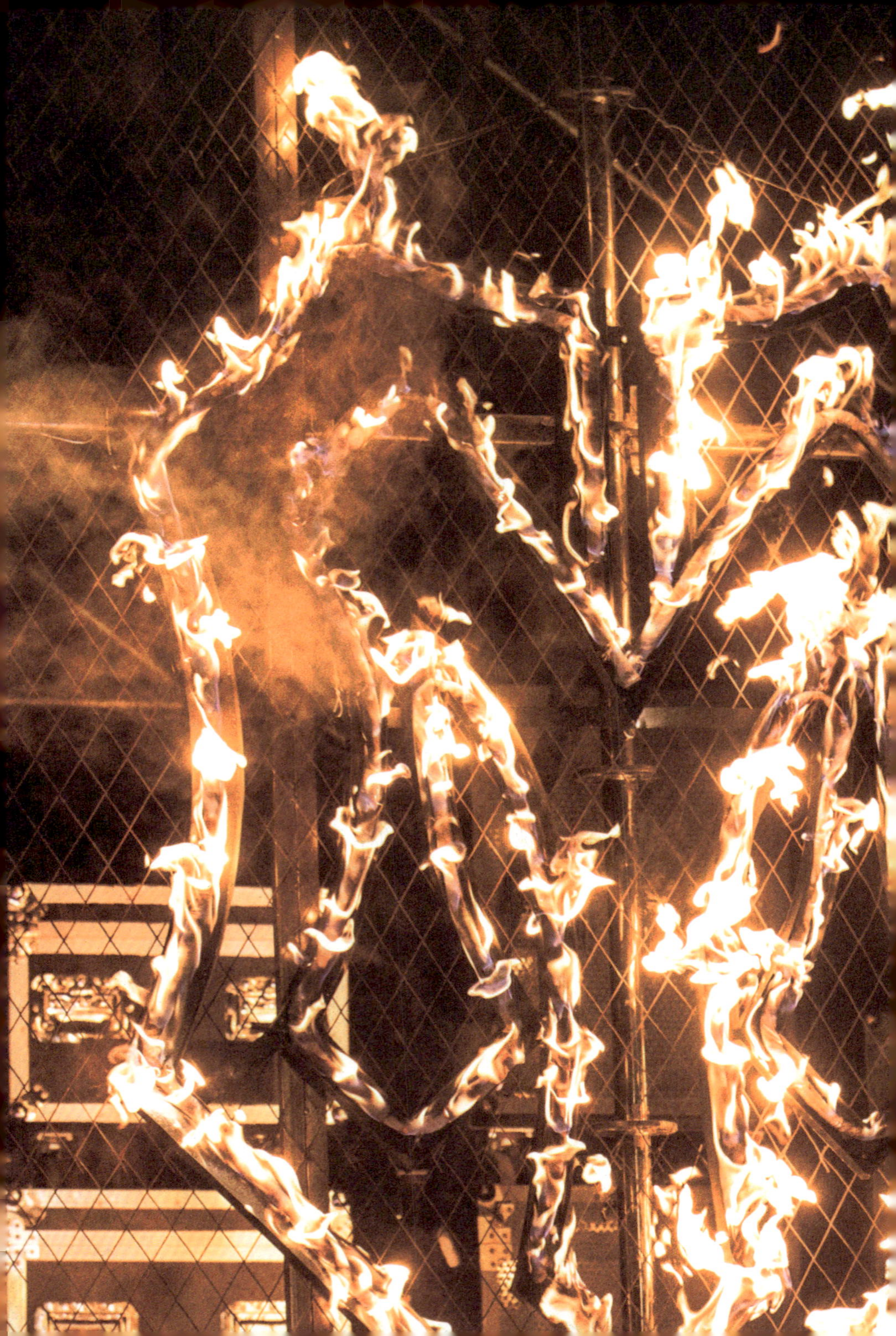

没有灯塔
就自燃成星夜

无人擀臂
就孤绝地升起狼烟
披荆为冠斩棘为枪

故事里说：

"如果我有刀，就不能拥抱你；

如果没有刀，就不能保护你。"

赤手空拳的 **少年**，总是如此，

困顿又骄傲，热情又锋利，

不肯成为饕餮，不肯隐身于寓言。

只是，所有的"少年"，注定被时间稀释，

很不合群地长大，再跌跌撞撞地老去。

但，一定有谁，种下了火焰的种子，

迸裂出生命应有的坚韧的层次，

复活战斗，**唤醒意志**。

《披荆斩棘的哥哥》

为了远海的歌声，崇岭的暗道。

为了失散的兄弟，战争与和平。

为了一个强大的春天的降临。

昔日少年，如期归来，

没有灯塔，就自燃成 **星夜**，

无人掷臂，就孤绝地升起狼烟，

去见荆棘，炙烈于野火燎过的荒原，

披荆 为冠，**斩棘** 为袍。

我们会相见吗？会。

什么时候？永远。

从今以后，不催不移，披荆斩棘！

《披荆斩棘的哥哥》

新的一程，新的一群人，就这么猝不及防地到来了。

披荆斩棘应该是很剧烈的故事吗？不，它早已经是每个人的日常。

人的一生是没有标准答案的，但却拥有不断思考和提问的能力：一天该有多少个小时？一个人该有多少只耳朵？一个人必须经历什么，才能从小孩成为大人？如果可以回头，你想看见什么？

当人类学会了说话，于是有了思考，当我们学会了思考，于是开始提问，当我们开始提问，便学会了寻找。

我们为什么要**战斗**？因为他在那里。

人生更像是一场又一场的战役吧，时刻准备着，我们用一生都在准备着。

要战便战，披荆斩棘。

《披荆斩棘 第二季》

要睁开几次眼睛,才看见孤独,

要捂住谁的耳朵,才听见你不哭。

回望刀一般的日出,曾天真盲目,

丢失你的每一步,我笑着铭心刻骨。

时间换衰老,一把镰刀,收割谦卑和骄傲。

勇敢的人啊,在黑夜中放牧,自由幸福。

要摘下几颗星辰,理想被照耀,

要想念你多么久,恒星不熄燃烧。

It's my time now,

滚烫的灵魂无法被阻挡,

come now mine now,

It's my time now。

冰封的火焰,尽情地**燃烧**吧,

《披荆斩棘 第二季》主题曲《十问》
作词:吴梦知　明天

cool crowd,

my dream mine now。

要跌落几次深谷，才愿学会输，

要伸出哪一只手，才将真理握住。

听见海一般的乐谱，灿烂过无数，

最后边走边迷路，转身又回到最初。

时间换衰老，一把镰刀，收割枯荣和春草，

赶路 的人啊，看飞鸟伴日暮，平凡幸福。

要忍住几次回头，才能够逃跑。

要忘记多少自己，才能找到自己。

要离开你多么久，才能和你重遇。

要被风吹散多远，我依然在这里，

岁月 **生生不息**。

《披荆斩棘 第二季》主题曲《十问》
作词：吴梦知　明天

什么是滚烫人生？

如果用温度定义滚烫，1000℃璞石成玉，2000℃淬铁成钢，3000℃石墨成钻。

如果用人生定义滚烫，热情、拼搏、经历、热血、无畏、热爱、极致、超越、披荆斩棘……

滚烫的 人生，是高举希望的火把，是背起生命的重托，是烈火挡不住的逆行，是热血铸盾牌的信仰。

滚烫的人生，是虽然辛苦，但我仍然会选择这样做。

那么，什么是《我们的滚烫人生》？

是一场前所未有的 **破壁之旅**，是一次与平凡英雄的不凡相遇，体验热血职业，用音乐致敬滚烫人生。

《我们的滚烫人生》

站在时间的这一头
回望千年

是遥远的讲述
也是崭新的故事

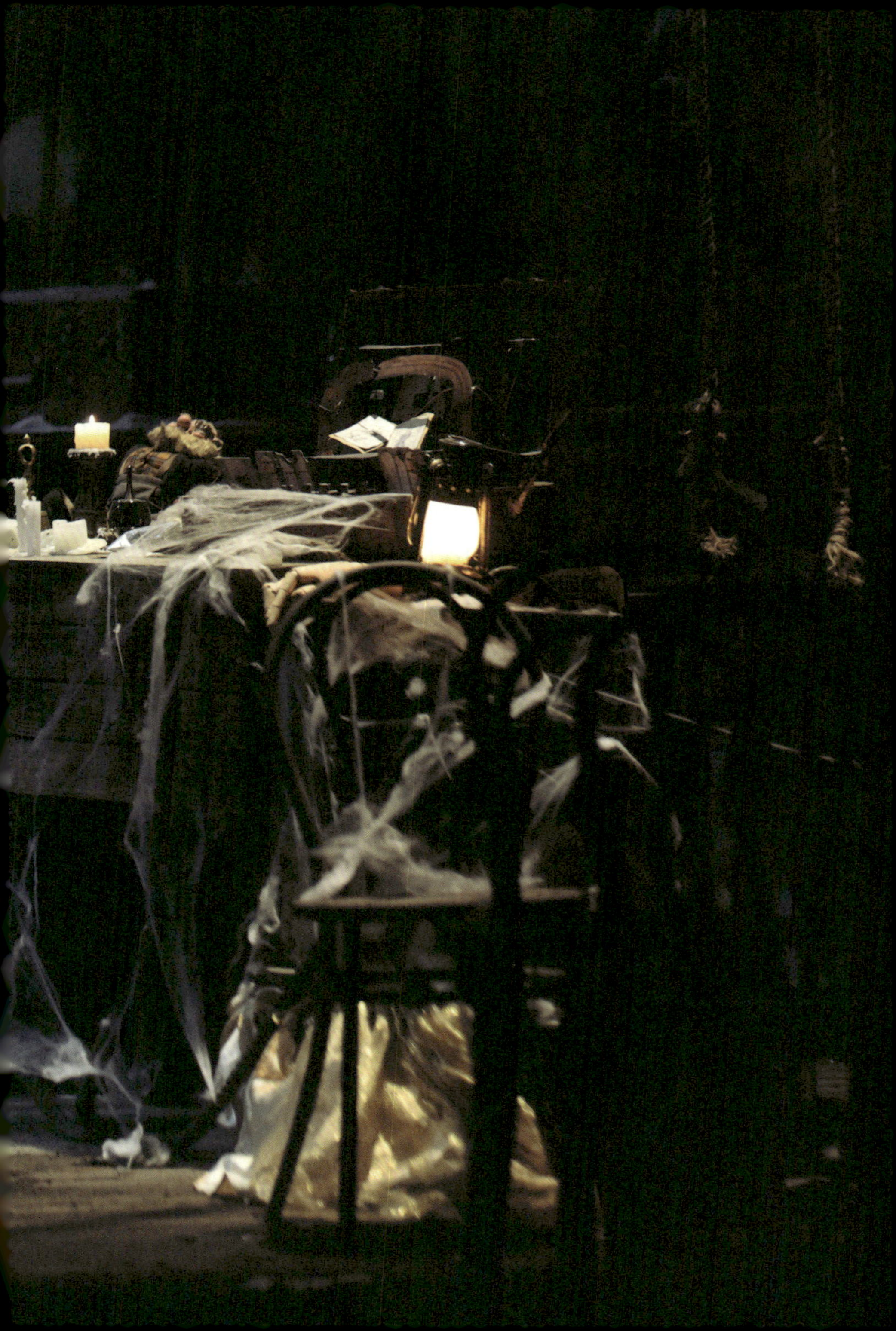

我们在这个星球上,

好像从未停止过探索,

所以,何为 **开始**?

源于我们不拘一格,

我们敢想,更敢做,越湾逐浪,一路向阳。

什么是 **结束** 呢?

当生活不再以时间作为衡量一切的标准,

结束,也是新的开始。

日夜更替,万物流转,人生在世,**不止于此**。

《大湾仔的夜》

成长的路上，

每个人都是孤独的旅客。

孤独 是自成世界的独处，

是最昂贵的自由。

孤独一点，

至少在缺少一切的时节你还拥有自己。

相信每一颗炙热的心都值得被温柔以待，

愿我们都能与自己 **握手言和**，

与人生把盏言欢。

《大侦探 第七季》

如果有一张回到过去的船票，

你是否会选择 **从头来过**？

过去的悔恨与痛苦，

铸就如今钢筋铁骨的自己。

珍惜当下，便是最伟大的超能力。

愿你释怀所经过的每分每秒，

热爱每一刻的自己。

《大侦探 第七季》

身处繁华落寞之间，

心若安宁，思便自由，

此间夕阳，此外朝曦，

一切皆有回转，余味终将 **回甘**。

借一抹温润暖阳，

填补一段踉跄失意的时光，

愿你历经风雨沧桑后，

仍保有赤子般的纯粹淡然，

一生温暖，一世纯良。

《大侦探 第八季》

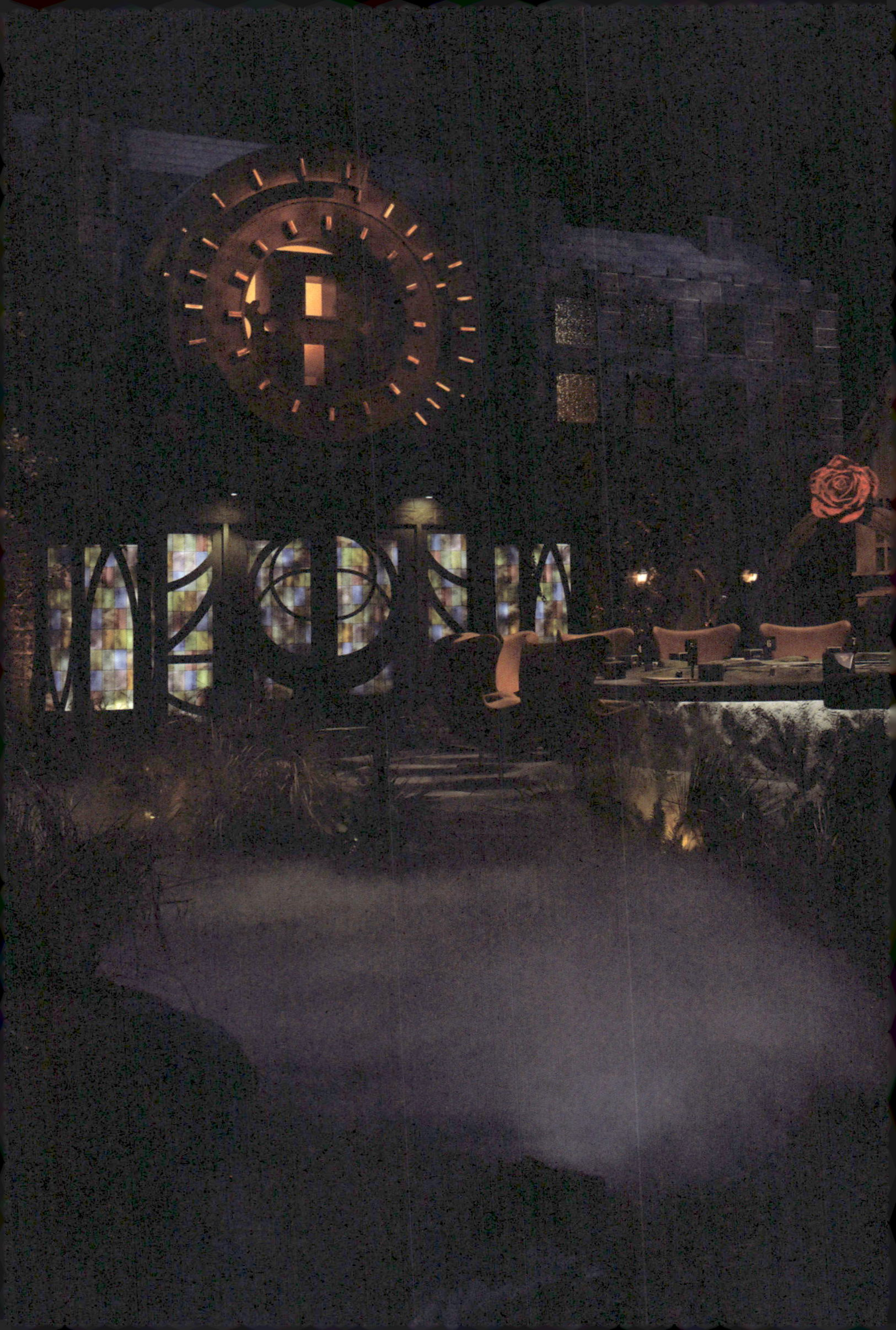

为无穷的远方
和无数的人们
为永恒的爱与希望

困在阴霾下的你,

若无法被救赎,那便 **自我成光**,

将荆棘当作花路,才能在尖刺上开出花朵。

万物生灵皆是自然的奇迹,

既是注定,也是唯一。

愿少年们 **风雨兼程**,挺身向前,

于峰峦之巅见长风浩荡。

《大侦探 第八季》

梦想 不是十八岁之前用来珍藏的，

而是二十岁以后用来 **导航** 的。

《初入职场的我们 第一季》

爱,是所有问题的 **答案**。

因为爱,常含温柔与善意;

因为爱,常含问候与贴心;

因为爱,自带能量,忘却疲惫。

爱 在时间里留下不灭的 **印记**,

温暖流转于热烈鲜活的心。

《初入职场的我们·法医季》

选择遗憾，还是选择 **勇敢**？

她说：循光而来，成为光，散发光，照亮你们。

她说：深处沼泽时，**竭尽全力** 坚定往前走。

她说：选择勇敢，一笔一画勾勒法医梦想。

《初入职场·法医季 第二季》

原来天黑不是天黑，

它只是 **太阳** 下去了，

但 **月亮** 起来了。

《会画少年的天空》

海岸在倒退，波光在倒退，云朵在倒退，

当我们看见倒退的时候，就是 **前进** 了。

一切都不按计划和期待的发生，

才算得上是 **冒险** 的梦想。

要怎样才能穿越自己，去到世界的另一端呢？

人类因为缺乏经验，所以有了冒险。

敢于暴露弱点，

是真正强大和有安全感的人。

给总是以为"我真的不行了"

但还是 **没有认输** 的你。

《一年级·毕业季》

全世界 最著名的敌人是堂·吉诃德的风车,他骑着随时会垮掉的瘦马为荣耀作战,却没有一次不是失败。

对追梦的冒险者来说,最重要的到底是胜负还是骑士精神?

承受 敌人的摧毁,前往未知的凶险,胜负的意义在于浇筑自己的锋芒,最珍贵的宝藏藏在你最恐惧的洞穴里。

给敢于超越胜负,永远无所畏惧的你。

《一年级·毕业季》

航海 中遇到狂风暴雨的时候，我们很容易懂得自己的责任，那就是齐心协力、战胜风险。

但，在看起来风平浪静的时候呢？

伟大的航路，天天都是冒险，一旦出发了，就再也没有一刻安稳，再也没资格懈怠自己的责任。

到底什么是冒险者的责任？

就是和自己觉得重要的人一起付出，永无止境。

给 在日复一日中，永不松懈、披荆斩棘的你。

《一年级·毕业季》

别怕渺小，也许我们只是众星捧月的星，而不是月，是万里挑一的万，而不是一，但甘心吗？

我们只能拥有不被看见的努力，不被当真的认真，不属于自己的时间，自诩人间凑数的平凡，你心里的那团火灭了吗？

佛系只是生活的保护色，不甘才是我们的潜台词。

治愈的笑，留给自己，生活的酷，还给自己，骄傲的赞，送给自己，舞台的光，亮给自己，谢谢自己还在坚持。

《致自成宇宙的你》

我们被平庸击溃，也被平凡安慰，一边踉跄前行，一边重振旗鼓。手持灯盏的人，**不惧雾霭**，我们拳脚向平庸，才华斗雷同。

为什么陌生人的故事会让我们心潮涌动？家国盛世的时刻，我们热泪盈眶，危难来临时，我们可以一夜长大，我们眼中有泪，因为心中有火，星河璀璨，因为每一颗星辰都在用力发光，时代向前冲锋，是因为每一代的我们从未退后。

别怕渺小，你并不平庸，**每一个自成宇宙的你**，都是这个时代，最好的底气。

《致自成宇宙的你》

别恒渺小
你并不平庸
致每一个自成宇宙的你

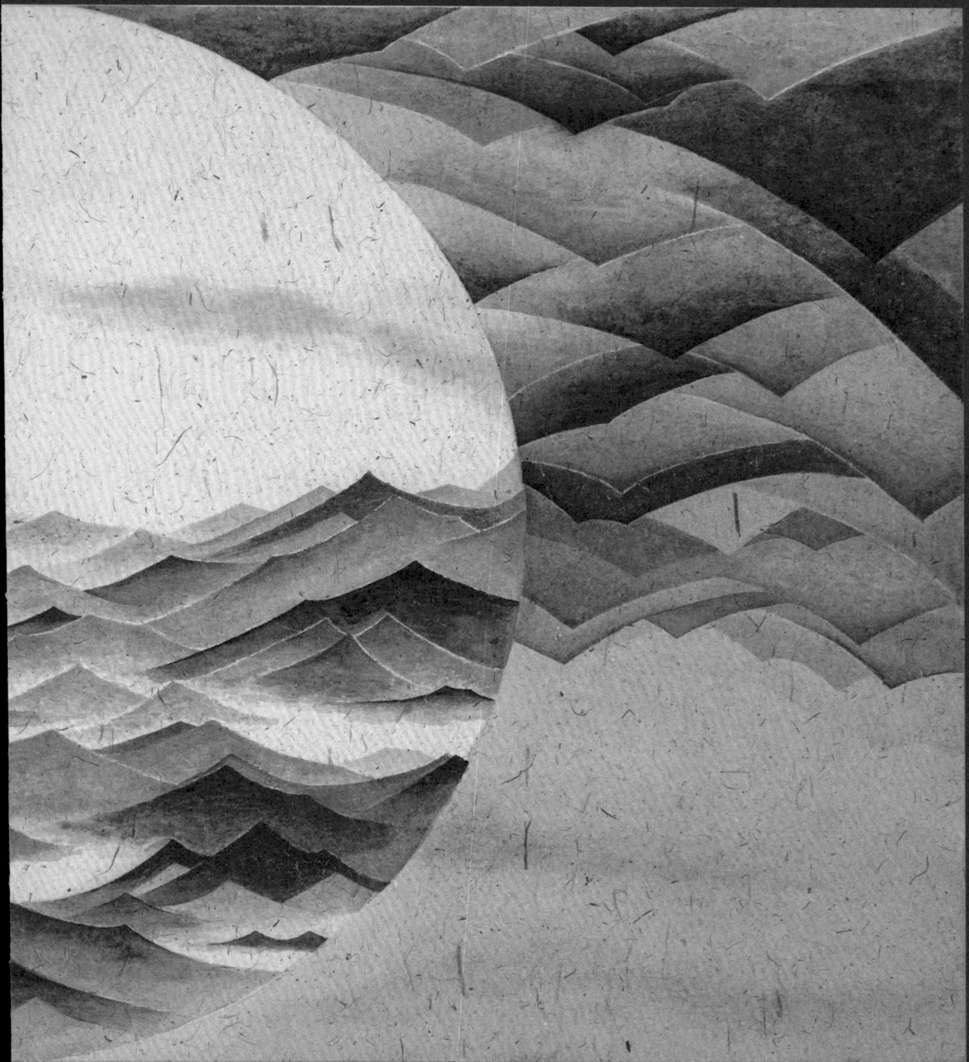

后记

有人说：芒果综艺"演"完了人的一生，而节目中的文案记录了人的一生。

芒果文案似乎总是带着热血和温度，用最简洁的文字熨烫人心，透过节目给予观众力量。这些赋予能量的文案与画面偶遇，与情感相通。逐渐，我们习惯甚至期待文案带给我们的这种小确幸；逐渐，我们有了忠实而热爱、与芒果情投意合的你们。

截至目前，"芒果文案"百度相关搜索结果超1亿条，微博相关话题阅读量超1.2亿，小红书相关笔记超2万条，抖音、360搜索等平台搜索"百万文案"与芒果平台关联度近乎100%，且该数据仍在不断增长。

于是，我们把这些打动人心的文案整编汇成《芒果百万文案》，把这字字句句呈现给渴望披荆斩棘、乘风破浪的你，或是忙里偷闲、回归本真的你。

对于综艺节目来讲，文案既是一贯始终的主题，也是引起用户情感共鸣的点睛之笔。综艺节目中的文案，大体可分为五类：立意文案、注释文案、花字、总结性文案和主题曲文案。它们对于增强节目的观赏性和传达节目主题起着至关重要的作用。

立意文案，通常也被称为主题文案或宣传语，能够迅速传达节目的核心内容和主题，既能吸引观众的眼球，又能够准确地传达节目的定位和特色。

相较于立意文案的概括性，注释文案则显得更加垂直和细腻。它们大多是放大节目中的某一个镜头，用文字注解内容，雕琢细节传达感动。注释文案主要应用在每一期节目的具体内容之中，主要用于诠释主题、解释词语，多以旁白或花字的形式出现。

花字，又称为特效字幕或花式字幕。它通过在屏幕上添加各种视觉效果和文字，为节目增添趣味性和艺术性。在综艺节目中，花字常常被用来强调关键信息或营造氛围。

在一些综艺节目中还会在收官期片尾用总结性文案对整季内容进行概括总结、情感升华。总结性文案在节目中出现的一刻，用户追逐数月的情感得以释怀，抱着综艺所传达的人生感悟，再次开启新一阶段的生活。

除以上四类，主题曲的文案也常有惊喜出现。主题曲除了能增加节目曝光声量之外，作为综艺营销的细分场景，更是能借由歌曲快速渗透至不同受众族群，在正片之外对节目进行多维赋能。

当然，并不是所有的综艺节目都因文案而令人印象深刻，本书仅收录部分经典热门IP，未被收录的节目也请大家放心，它们会在未来以另外一种形式与大家见面。

世界上本没有价值百万的文案，超百万人喜爱，于是就有了芒果百万文案。

在这里，我们天生青春，璀璨而温柔，字里行间都是青春的味道。我们疾驰在追梦的路上，挑战未知，冲破重重阻碍，乘风破浪，最终抵达人生的彼岸。然后回归生活的宁静，歌唱生命的奇迹与力量，在平凡中看见不平凡……

无论你处于人生的哪个阶段，我们希望这里总有一句深触灵魂的文案能够抚慰你。

2024 年 7 月

芒果 TV 平台运营中心 百万文案小组

写下属于你的人生文案吧

芒果百万文案

湖南卫视 芒果TV 编著

产品监制：成 果 王秀荣

特约编辑：吕 佳 刘红静

版式设计：曹晰婷

营销支持：李雅菲

大愚文化
更好的你 更大的世界

图书在版编目（CIP）数据

芒果百万文案 / 湖南卫视，芒果 TV 编著. -- 北京：现代出版社，2025.1. -- ISBN 978-7-5231-1179-6

Ⅰ．G206.2

中国国家版本馆CIP数据核字第2024T866U5号

芒果百万文案
MANGGUO BAIWAN WENAN

编　　著	湖南卫视　芒果TV

选题策划	新果文化　大愚文化
责任编辑	裴　郁
责任印制	贾子珍
出版发行	现代出版社
地　　址	北京市安定门外安华里504号
邮政编码	100011
电　　话	(010) 64267325
传　　真	(010) 64245264
网　　址	www.1980xd.com
印　　刷	北京华联印刷有限公司
开　　本	880mm×1230mm　1/32
印　　张	8.75
字　　数	130千字
版　　次	2025年1月第1版　2025年1月第1次印刷
书　　号	ISBN 978-7-5231-1179-6
定　　价	59.80元

版权所有，翻印必究；未经许可，不得转载